시작하세요! 리액트 프로그래밍
페이스북 엔지니어가 알려주는 실전 React.js 프로그래밍

시작하세요! 리액트 프로그래밍

페이스북 엔지니어가 알려주는 실전 React.js 프로그래밍

지은이 스토얀 스테파노프

옮긴이 이대엽

펴낸이 박찬규   엮은이 최민석   디자인 북누리   표지디자인 Arowa & Arowana

펴낸곳 위키북스   전화 031-955-3658, 3659   팩스 031-955-3660

주소 경기도 파주시 문발로 115, 311호(파주출판도시, 세종출판벤처타운)

가격 22,000   페이지 272   책규격 175 x 235mm

초판 발행 2016년 10월 20일

ISBN 979-11-5839-050-1 (93000)

등록번호 제406-2006-000036호 등록일자 2006년 05월 19일

홈페이지 wikibook.co.kr   전자우편 wikibook@wikibook.co.kr

이 도서의 국립중앙도서관 출판시도서목록 CIP는

서지정보유통지원시스템 홈페이지(http://seoji.nl.go.kr)와

국가자료공동목록시스템(http://www.nl.go.kr/kolisnet)에서 이용하실 수 있습니다.

CIP제어번호 CIP2016024252

시작하세요!

리액트
프로그래밍

페이스북 엔지니어가 알려주는 실전 React.js 프로그래밍

스토얀 스테파노프 지음 / 최민석 옮김

O'REILLY®   위키북스

에바^{Eva}, 즐라티나^{Zlatina}, 나탈리^{Nathalie}에게 바침

01장
Hello World

02장
컴포넌트의
수명

03장

**Excel:
멋진 테이블
컴포넌트**

04 장

JSX

06 장

앱 구축하기

08 장

플럭스

소개의 말

2000년 즈음, 로스앤젤레스에서 희미한 바다의 향기를 느끼며 포근한 캘리포니아의 밤을 보내던 필자의 입에서는 자연스럽게 "휴우~"하는 탄성이 새어나왔다. 마침 필자는 직접 개발한 CSSsprites.com이라는 새로운 웹 앱을 FTP를 통해 서버로 전송하던 참이었다. 이 앱을 개발하는 동안 필자의 뇌리를 떠나지 않던 한 가지 고민이 있었다. 앱의 핵심 기능을 만드는 것보다 사용자 인터페이스와 씨름하는 시간이 훨씬 더 많이 필요한 이유는 무엇일까? 얼마나 많은 툴을 만들어야 항상 반복해서 getElementById()를 호출하고 앱의 상태에 대해 걱정하지 않게 될까? (사용자가 업로드를 완료했나? 오류가 있나? 대화상자가 열려 있나?) UI 개발에는 왜 이렇게 시간이 많이 걸릴까? 브라우저의 종류는 왜 이렇게 많은 것일까? "휴우~"하는 감탄사는 어느새 "으으!"하는 고통의 탄식으로 바뀌었다.

어느덧 세월이 흘러 2015년 3월 페이북의 F8 컨퍼런스에서 있었던 일이다. 필자가 속한 팀에서는 외부 댓글을 제공하는 기능과 이를 관리하는 기능을 두 가지 새로운 웹 앱으로 발표했다. 필자의 과거 CSSsprites.com 앱과 비교하면, 이 두 가지 새로운 앱은 훨씬 많은 기능을 지원하며, 더 강력할 뿐 아니라, 이전과 비교할 수 없을 만큼 많은 트래픽을 지원했다. 그런데도 개발 과정은 훨씬 편안했다. 앱에 익숙하지 않은 팀원도 기능을 추가하거나 개선할 수 있었고 훨씬 쉽고 빠르게 개발 과정에 동참할 수 있었다. 심지어 자바스크립트와 CSS에 대한 경험이 없는 팀원도 있었다.

그동안 무슨 변화가 있었던 걸까? 이 변화의 중심에는 리액트가 있다.

리액트^{React}는 UI를 구축하기 위한 라이브러리로서 UI를 한 번만 정의하고 사용할 수 있게 해준다. 이후 앱의 상태가 변경되면 별도의 조치 없이도 UI가 이에 반응해 자동으로 다시 재구성된다. 여기서 UI를 "선언"하는 것이 아니라 "정의"한다고 말한 것에 주목하자. 리액트에서는 관리하기 쉬운 작은 컴포넌트로 크고 강력한 앱을 구축한다. 더 이상 함수 본체의 절반을 DOM 노드를 찾는 데 허비할 필요 없이 보통의 자바스크립트 객체를 이용해 앱의 상태만 관리하면 나머지는 알아서 처리된다.

리액트는 한 번 배우면 다음과 같은 다양한 용도로 활용할 수 있다.

- 웹 앱
- 네이티브 iOS 및 안드로이드 앱
- 캔버스 앱
- TV 앱
- 네이티브 데스크톱 앱

컴포넌트와 UI를 구축할 때 이용하는 동일한 개념을 바탕으로 네이티브 컨트롤(네이티브처럼 보이는 복제품이 아닌 진정한 네이티브 컨트롤)과 네이티브 성능을 갖춘 네이티브 앱을 만들 수 있다. 정확하게 말하면, "한 번 만들고 모든 곳에서 실행하는 것"이 아니라 "한 번 배우고 모든 곳에서 이용하는 것"이다.

리액트를 배워 활용하면 여러분이 앱을 제작하는 실제 목적인 핵심 기능을 개발하는 데 집중할 수 있게 된다.

책 소개

이 책은 웹 개발 관점에서 리액트를 배우는 데 초점을 맞춘다. 앞부분의 세 단원에서는 아무것도 없는 빈 HTML 파일에서 시작해 점차 필요한 요소를 추가한다. 이 방법을 통해 새로운 구문이나 부가적인 툴이 아닌 리액트를 배우는 데 집중할 수 있다.

4장에서는 일반적으로 리액트와 함께 사용되는 별개의 선택적인 기술인 JSX에 대해 다룬다.

그런 다음에는 실제로 앱을 개발하는 데 필요한 사항과 그 과정에 도움이 되는 부수적인 툴을 살펴본다. 이러한 부수적인 주제로는 자바스크립트 패키징 툴(Browserify), 단위 테스트(Jest), 린팅(ESLint), 형식(Flow), 앱 내 데이터 흐름 조직화(Flux), 그리고 불변 데이터(Immutable.js)가 있다. 이 책의 핵심 주제인 리액트에 초점을 유지하기 위해 이러한 부수적인 기술에 대한 소개는 최소한으로 다루지만, 각자 필요로 하는 기술을 선택할 수 있도록 충분한 정보를 담았다.

리액트를 향한 여행에 행운을 빈다. 순조롭고 유익한 여행이 되기를 빈다!

편집 규약

이 책에는 다음과 같은 편집 규약이 사용된다.

이탤릭

새로운 용어, URL, 이메일 주소, 파일 이름 및 파일 확장자를 나타낸다.

고정폭(Constant width)

본문 내에서 변수나 함수 이름, 데이터베이스, 데이터 형식, 환경 변수, 명령, 키워드와 같은 프로그램 코드를 나타낸다.

고정폭 볼드(Constant width bold)

사용자가 직접 입력해야 하는 명령이나 다른 텍스트를 나타낸다.

고정폭 *이탤릭(Constant width italic)*

사용자가 제공하는 값으로 대체해야 하거나 상황에 따라 달라지는 값을 나타낸다.

 팁이나 제안을 나타낸다.

 일반적인 참고 사항을 나타낸다.

 경고나 주의 사항을 나타낸다.

코드 예제 사용법

보조 자료(코드 예제, 연습용 파일)는 https://github.com/stoyan/
reactbook에서 내려받을 수 있다.

이 책은 여러분의 작업을 돕기 위해 쓰여졌다. 이 책에서 소개하는 코드를
여러분의 프로그램이나 설명서에 이용해도 된다. 코드의 상당 부분을 거의
그대로 사용하는 것이 아니라면 따로 허락을 받지 않아도 된다. 예를 들어,
이 책의 여러 부분에 나온 코드를 이용할 때는 따로 허락을 받을 필요가
없다. 오라일리 출판사 서적의 예제를 담은 CD-ROM을 판매하거나
배포할 때는 허락을 받아야 한다. 질문에 답하기 위해 이 책의 내용을
언급하고 예제 코드를 인용하는 데는 허락이 필요 없다. 이 책에 나오는
예제 코드의 상당 부분을 제품의 설명서에 넣을 때는 허락을 받아야 한다.

원작자 명시는 고마운 일이지만 필수는 아니다. 일반적으로 원작자를
명시할 때는 제목, 저자, 출판사, ISBN을 기재한다. 예를 들면, 다음과
같다. "React: Up & Running by Stoyan Stefanov (O'Reilly).
Copyright 2016 Stoyan Stefanov, 978-1-491-93182-0."

예제 코드를 사용하려는 방법이 앞에서 설명한 정당한 용도나 허가를
벗어난다고 생각될 때는 permissions@oreilly.com으로 문의해주길 바란다.

감사의 말

이 책을 집필하는 동안 여러 차례 초안을 읽고 다양한 의견과 수정 사항을 보내주신 안드레아 마놀Andreea Manole, 일리얀 페이체브Iliyan Peychev, 코스타딘 일로브Kostadin Ilov, 마크 듀펜쎌러Mark Duppenthaler, 스테판 알버Stephan Alber, 에이즌 보즈힐로브Asen Bozhilov를 비롯한 모든 분들께 감사한다.

페이스북에서 리액트를 개발하거나 리액트로 개발하며 언제나 필자의 질문에 답해준 모든 동료들에게도 감사 인사를 전한다. 또한 항상 훌륭한 툴과 라이브러리, 설명서, 사용 패턴을 개발하는 리액트 커뮤니티 전체에도 감사 인사를 하고 싶다.

조던 왈케Jordan Walke에게 감사 인사를 전한다.

이 책이 나올 수 있게 도와주신 맥 폴리Meg Foley, 킴 코퍼Kim Cofer, 니콜 쎌비Nicole Shelby를 비롯한 오라일리의 모든 직원분들께 감사한다.

이 책의 예제 앱에 이용된 UI를 디자인한 야보르 바치코브Yavor Vatchkov에게 감사한다(whinepad.com에서 사용해볼 수 있다).

01

Hello World

리액트를 이용한 애플리케이션 개발의 첫걸음을 내딛어보자. 1장에서는 리액트를 설정하고
첫 번째 "Hello World" 웹 앱을 작성하는 방법을 배운다.

설정

제일 먼저 리액트 라이브러리를 구해야 한다. 다행히도 이 과정은 아주 간단하다.

http://reactjs.com으로 이동한 다음(공식 깃허브 페이지로 리디렉션된다), "Download"
버튼과 "Download Starter Kit" 링크를 차례로 클릭해 ZIP 파일을 내려받는다. 파일의
압축을 풀고 다운로드한 파일에 들어있는 디렉터리를 각자 찾을 수 있는 위치로 복사한다.

예를 들어, 다음과 같다.

```
mkdir ~/reactbook
mv ~/Downloads/react-0.14.7/ ~/reactbook/react
```

그러면 작업 디렉터리(*reactbook*)가 그림 1-1과 같을 것이다.

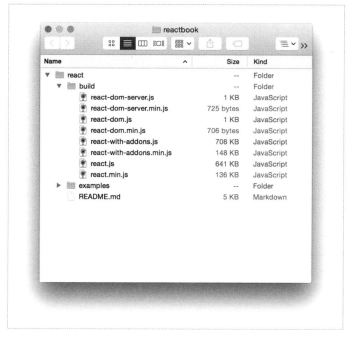

그림 1-1. 리액트 디렉터리의 내용

지금 당장 필요한 파일은 ~/*reactbook/react/build/react.js* 뿐이다. 나머지 파일에 대해서는 나중에 필요할 때 설명한다.

리액트는 특정한 디렉터리 구조를 강제하지 않는다. 즉, 파일을 다른 디렉터리로 복사하거나 *react.js* 파일의 이름을 원하는 대로 수정해도 된다.

Hello React World

작업 디렉터리 안에서 아주 간단한 페이지를 작성해보자(~/*reactbook/01.01.hello.html*).

```html
<!DOCTYPE html>
<html>
  <head>
    <title>Hello React</title>
    <meta charset="utf-8">
  </head>
  <body>
    <div id="app">
      <!-- 앱이 렌더링되는 위치 -->
    </div>
    <script src="react/build/react.js"></script>
    <script src="react/build/react-dom.js"></script>
    <script>
      // 앱 코드
    </script>
  </body>
</html>
```

 이 책의 모든 예제 코드는 함께 제공되는 리포지토리(*https://github.com/stoyan/reactbook/*)에 있다.

이 파일에서 두 가지 중요한 일을 수행했다.

- 리액트 라이브러리와 해당 DOM 애드온을 <script src> 태그를 이용해 추가했다.
- 페이지에서 애플리케이션을 배치할 위치를 정의했다(<div id="app">).

리액트 앱에 일반 HTML 콘텐츠는 물론 다른 자바스크립트 라이브러리도 혼합할 수 있다. 동일한 페이지 안에 여러 개의 리액트 앱을 넣을 수도 있다. 리액트에 "필요한 작업을 할 위치"를 알려주기 위한 DOM 내의 위치만 있으면 된다.

다음으로 인사말을 출력하는 코드를 추가해보자. *01.01.hello.html*의 // 앱 코드 부분을 다음과 같이 수정한다.

```
ReactDOM.render(
    React.DOM.h1(null, "Hello World!"),
    document.getElementById("app")
);
```

브라우저에서 01.01.hello.html을 열면 새로운 앱이 작동하는 것을 볼 수 있다(그림 1-2).

그림 1-2. Hello World 작동 화면

축하한다! 방금 첫 번째 리액트 애플리케이션을 만들었다.

또한 그림 1-2에서 크롬 개발자 툴에 나오는 생성된 코드를 보면 ⟨div id="app"⟩ 자리표시자(placeholder)의 내용이 리액트 앱에서 생성한 내용으로 대체된 것을 알 수 있다.

작동 원리

이 첫 번째 앱이 작동하게 만들어주는 몇 가지 흥미로운 부분이 있다.

첫 번째는 React 객체의 사용이다. 이 객체를 통해 모든 API에 접근할 수 있으며, API가 간소화돼 있어서 메서드는 그리 많지 않다.

ReactDOM 객체도 볼 수 있다. 여기에도 몇 가지 메서드가 포함돼 있으며, 그중 render()가 가장 중요하다. 이러한 메서드는 원래는 React 객체에 속해 있었지만, 애플리케이션의 실제 렌더링은 별도의 관심사라는 점을 강조하기 위해 버전 0.14부터 분리됐다. 여러 다른 환경(예: HTML브라우저 DOM, 캔버스, 또는 안드로이드나 iOS)에서 적절하게 렌더링하는 리액트 앱을 만들 수 있다.

다음으로 컴포넌트라는 개념이 있다. UI는 컴포넌트를 이용해 제작하며 원하는 방법으로 이러한 컴포넌트를 조합할 수 있다. 실제로 애플리케이션을 개발할 때는 커스텀 컴포넌트를 제작하게 되는데, 리액트는 이 작업을 돕기 위해 HTML DOM 요소를 감싸는 래퍼를 제공한다. 이 래퍼는 React.DOM 객체를 통해 이용한다. 첫 번째 예제에서 h1 컴포넌트를 이용한 부분을 볼 수 있다. 이 컴포넌트는 <h1> HTML 요소에 해당하며 React.DOM.h1()을 호출해 이용할 수 있다.

마지막으로 익숙한 document.getElementById("app") DOM 접근이 있다. 이 호출은 페이지 내에서 애플리케이션의 위치를 리액트에 알려준다. 즉, 이 호출은 우리가 알고 있는 DOM 조작을 리액트의 세계로 연결하는 다리 역할을 한다.

 DOM과 리액트를 연결하는 다리를 건넌 후에는 컴포넌트에서 기반 플랫폼(브라우저 DOM, 캔버스, 네이티브 앱)으로의 변환을 리액트가 알아서 처리하므로 더 이상 DOM 조작에 신경 쓸 필요가 없다. DOM에 대해 신경 쓸 필요는 없지만 불가능하다는 의미는 아니다. 리액트는 어떤 이유에서든 DOM의 영역으로 돌아가고 싶을 때 이용할 수 있는 "탈출 손잡이"를 제공한다.

지금까지 예제 코드에 나온 각 행의 의미를 살펴봤다. 다음으로 큰 그림을 살펴보자. 이 예제는 선택한 DOM 위치에 리액트 컴포넌트 하나를 렌더링한다. 항상 하나의 최상위 컴포넌트를 렌더링하며, 여기에는 필요한 만큼 다수의 자식과 자손 컴포넌트가 포함될 수 있다. 심지어 이 예제에서도 h1 컴포넌트는 "Hello World!" 텍스트를 자식으로 가진다.

React.DOM.*

앞서 언급했듯이 React.DOM 객체를 통해 여러 HTML 요소를 리액트 컴포넌트로 이용할 수 있다(그림 1-3에는 브라우저 콘솔을 이용해 전체 목록을 보는 방법이 나온다.) 이 API를 자세히 살펴보자.

 React.DOM과 ReactDOM은 다르다는 데 주의하자. 전자는 미리 만들어진 HTML 요소의 컬렉션이고 후자는 앱을 브라우저에서 렌더링하는 방법 중 하나다(예: ReactDOM.render()).

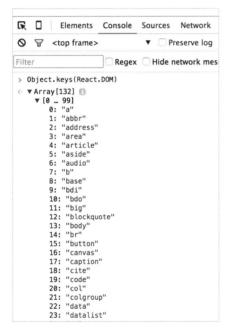

그림 1-3. React.DOM 프로퍼티의 목록

React.DOM.* 메서드가 받는 모든 매개변수를 살펴보자. 첫 번째 예제로 살펴본 "Hello World!" 앱은 다음과 같았다.

```
ReactDOM.render(
    React.DOM.h1(null, "Hello World!"),
    document.getElementById("app")
);
```

h1()에 대한 첫 번째 매개변수(이 경우 null)는 컴포넌트로 전달하려는 프로퍼티(DOM 속성에 해당)를 지정하는 객체다. 예를 들어, 다음과 같이 할 수 있다.

```
React.DOM.h1(
    {
        id: "my-heading",
    },
    "Hello World!"
),
```

이 예제에서 생성된 HTML은 그림 1-4와 같다.

그림 1-4. React.DOM 호출에 의해 생성된 HTML

두 번째 매개변수(이 경우 "Hello World!")는 컴포넌트의 자식을 정의한다. 가장 간단한 예는 이 예제 코드에 나온 것처럼 텍스트 자식이다(DOM 용어로는 텍스트 노드). 그러나 중첩된

자식을 원하는 만큼 가질 수 있으며 이를 추가 함수 매개변수로 전달할 수 있다. 예를 들어
다음과 같다.

```
React.DOM.h1(
   {id: "my-heading"},
   React.DOM.span(null, "Hello"),
   " World!"
),
```

다음 예제는 중첩된 컴포넌트를 포함하며, 그림 1-5에서 결과를 볼 수 있다.

```
React.DOM.h1(
   {id: "my-heading"},
   React.DOM.span(null,
      React.DOM.em(null, "Hell"),
      "o"
   ),
   " world!"
),
```

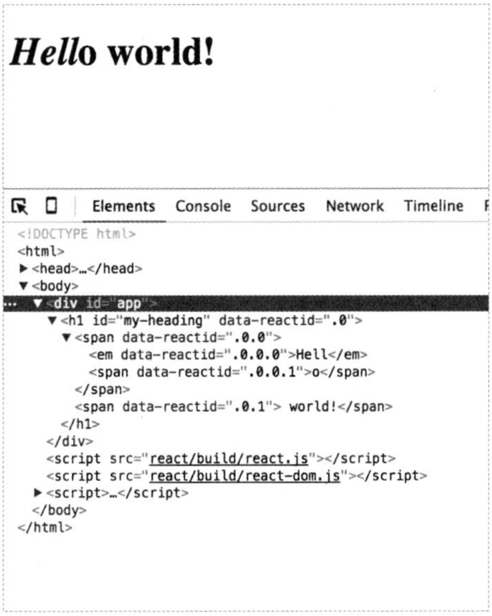

그림 1-5. React.DOM 호출에 의해 생성된 HTML

컴포넌트를 중첩해 넣기 시작하면 알 수 있겠지만 함수 호출과 괄호가 늘어나면서 점점 더 복잡해진다. JSX 구문을 사용하면 작업이 수월해지지만, JSX는 4장에서 자세히 다룰 예정이므로 일단은 순수 자바스크립트 구문을 이용해보자. JSX가 논란의 대상이 되는 이유는 자바스크립트 안에 XML을 넣는 것을 거북하게 느끼는 사람들이 있기 때문이지만, 익숙해지면 없어서는 안 될 도구가 된다. 다음은 JSX 구문을 사용한 예를 간단히 보여준다.

```
ReactDOM.render(
    <h1 id="my-heading">
        <span><em>Hell</em>o</span> world!
    </h1>,
    document.getElementById("app")
);
```

특수한 DOM 속성

반드시 알아야 할 DOM 속성으로 class, for, style이 있다.

class는 자바스크립트에서는 예약어이므로 사용할 수 없으며, 대신 className과 htmlFor가 필요하다.

```
// 작동하지 않는
// 잘못된 예
React.DOM.h1(
    {
        class: "pretty",
        for: "me",
    },
    "Hello World!"
);

// 작동하는
// 올바른 예
React.DOM.h1(
```

```
    {
        className: "pretty",
        htmlFor: "me",
    },
    "Hello World!"
);
```

스타일 속성의 경우 HTML에서 하던 것처럼 문자열을 이용할 수는 없으며 대신
자바스크립트 객체를 이용해야 한다. 문자열 이용을 줄이는 것은 크로스사이트 스크립팅^{XSS}
공격을 예방할 수 있는 좋은 방법이다.

```
// 작동하지 않는
// 잘못된 예
React.DOM.h1(
    {
        style: "background: black; color: white; font-family: Verdana",
    },
    "Hello World!"
);

// 작동하는
// 올바른 예
React.DOM.h1(
    {
        style: {
            background: "black",
            color: "white",
            fontFamily: "Verdana",
        }
    },
    "Hello World!"
);
```

또한 CSS 프로퍼티를 다룰 때는 자바스크립트 API 이름을 사용해야 한다. 즉, font-family가
아닌 fontFamily를 사용해야 한다.

리액트 데브툴 브라우저 확장

앞의 예제를 실행하면서 브라우저 콘솔을 이용해봤다면 $https://fb.me/react-devtools$에서 리액트 데브툴을 내려받아 개발 환경을 개선하라는 메시지를 봤을 것이다. 이 URL을 방문하면 리액트 애플리케이션을 디버깅할 때 유용한 브라우저 확장을 내려받을 수 있다(그림 1-6).

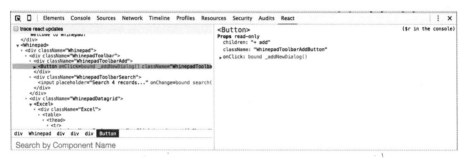

그림 1-6. 리액트 데브툴 확장

처음에는 약간 복잡하게 보일 수 있지만 4장까지 함께 진행한 후에는 아주 편안하게 느껴질 것이다.

다음 단계: 커스텀 컴포넌트

지금까지 기본 단계의 "Hello World" 앱을 만들어봤으며, 그 과정에서 다음과 같은 작업을 하는 방법을 배웠다.

- 리액트 라이브러리를 설치, 설정, 이용할 수 있다(두 개의 <script> 태그가 핵심이다).

- 선택한 DOM 위치(예: React.DOM.render(reactWhat, domWhere))에 리액트 컴포넌트를 렌더링한다.

- 일반 DOM 요소를 감싸는 래퍼인 기본 제공 컴포넌트를 이용한다(예: React.DOM.div(attributes, children))

그러나 리액트의 진정한 능력은 커스텀 컴포넌트를 이용해 앱의 UI를 제작하고 업데이트할 때 비로소 제대로 발휘된다. 2장에서 그 방법을 알아보자.

02

컴포넌트의 수명

지금까지 기본 제공 DOM 컴포넌트를 사용하는 방법을 알아봤다. 다음은 직접 컴포넌트를
만드는 방법을 알아볼 차례다.

최소 요건

새로운 컴포넌트를 만드는 API는 다음과 같다.

```
var MyComponent = React.createClass({
    /* 사양 */
});
```

여기서 "사양"이라고 나온 부분은 필수 메서드 render()와 여러 옵션 메서드 및 프로퍼티를
포함하는 자바스크립트 객체다. 다음은 최소 요건만 포함하도록 구성한 예다.

```
var Component = React.createClass({
    render: function() {
        return React.DOM.span(null, "I'm so custom");
    }
});
```

여기서 볼 수 있듯이 필수 요건은 render() 메서드를 구현하는 것이다. 이 메서드는 리액트
컴포넌트를 반환해야 하는데, 텍스트를 그냥 반환할 수는 없기 때문에 이 코드 조각에서는
span을 사용했다.

애플리케이션에서 컴포넌트를 사용하는 방법은 DOM 컴포넌트를 사용하는 방법과
비슷하다.

```
ReactDOM.render(
    React.createElement(Component),
    document.getElementById("app")
);
```

그림 2–1은 커스텀 컴포넌트를 렌더링한 결과다.

```
I'm so custom



  ⦿  ☐  │  Elements  Console  Sources  Network  Timeline  Profile:
  <!DOCTYPE html>
  <html>
  ▶ <head>…</head>
  ▼ <body>
    ▼ <div id="app">
         <span data-reactid=".0">I'm so custom</span>
      </div>
      <script src="react/build/react.js"></script>
      <script src="react/build/react-dom.js"></script>
    ▼ <script>
          var Component = React.createClass({
            render: function() {
              return React.DOM.span(null, "I'm so custom");
            }
          });
          ReactDOM.render(
            React.createElement(Component),
            document.getElementById("app")
          );

    </script>
  </body>
  </html>
```

그림 2–1. 첫 번째 커스텀 컴포넌트

컴포넌트의 인스턴스를 만드는 한 가지 방법은 위에 나온 React.createElement()를 이용하는 것이다. 인스턴스를 여러 개 만들 때는 팩터리를 이용하는 방법이 적합하다.

```
var ComponentFactory = React.createFactory(Component);

ReactDOM.render(
    ComponentFactory(),
    document.getElementById("app")
);
```

여러분이 이미 알고 있는 React.DOM.* 메서드는 React.createElement()를 감싸는 래퍼에 불과하다는 것을 알아두자. 즉, 다음과 같이 DOM 컴포넌트를 이용하는 작업도 가능하다.

```
ReactDOM.render(
    React.createElement("span", null, "Hello"),
    document.getElementById("app")
);
```

여기서 볼 수 있듯이 DOM 요소는 커스텀 컴포넌트의 경우처럼 자바스크립트 함수가 아닌 문자열로 정의된다.

프로퍼티

컴포넌트는 프로퍼티를 받고 프로퍼티의 값에 따라 다르게 렌더링하거나 작동할 수 있다. 모든 프로퍼티는 다음 예제와 같이 this.props 객체를 통해 이용할 수 있다.

```
var Component = React.createClass({
    render: function() {
        return React.DOM.span(null, "My name is " + this.props.name);
    }
});
```

컴포넌트를 렌더링할 때 프로퍼티를 전달하는 방법은 다음과 같다.

```
ReactDOM.render(
    React.createElement(Component, {
        name: "Bob",
    }),
    document.getElementById("app")
);
```

그림 2-2에서 결과를 확인할 수 있다.

 this.props는 읽기 전용이라고 생각하자. 프로퍼티는 부모 컴포넌트에서 자식으로 구성을 전달하는 데 유용하다(나중에 살펴보겠지만 자식에서 부모로 전달하는 것도 가능하다). this.props의 프로퍼티를 설정하고 싶을 때는 컴포넌트의 사양 객체에 있는 추가 변수나 프로퍼티를 이용하는 것이 좋다. 예를 들어, this.props.thing이 아닌 this.thing을 이용하는 것이 좋다. 실제로 ECMA-Script5 브라우저에서는 this.props를 변경할 수 없다.

```
> Object.isFrozen(this.props) == true; // true
```

그림 2-2. 컴포넌트 프로퍼티를 이용하는 방법

propTypes

컴포넌트에 propTypes라는 프로퍼티를 추가하면 컴포넌트가 받는 프로퍼티의 목록과 형식을 선언할 수 있다. 다음 예제를 살펴보자.

```
var Component = React.createClass({
  propTypes: {
    name: React.PropTypes.string.isRequired,
  },
  render: function() {
    return React.DOM.span(null, "My name is " + this.props.name);
  }
});
```

propTypes를 사용할지 여부는 선택 사항이지만 사용하면 두 가지 장점이 있다.

컴포넌트가 받을 프로퍼티를 사전에 선언할 수 있다. 따라서 컴포넌트를 사용할 다른 개발자가 컴포넌트를 구성하는 데 사용할 수 있는 프로퍼티를 알아보기 위해 render() 함수의 소스코드를 직접 살펴볼 필요가 없다.

리액트가 프로퍼티 값의 유효성을 런타임에 검사하므로 컴포넌트가 받는 데이터에 대해 지나치게 걱정할 필요 없이 render() 함수를 작성할 수 있다.

유효성 검사가 어떻게 수행되는지 직접 알아보자. name: React.PropTypes.string.isRequired는 name 프로퍼티의 필수 문자열 값을 필수로 요구한다. 실수로 값을 전달하지 않으면 콘솔에 경고 메시지가 표시된다(그림 2-3).

```
ReactDOM.render(
  React.createElement(Component, {
    // name: "Bob",
  }),
  document.getElementById("app")
);
```

My name is undefined

```
▼<script>
    var Component = React.createClass({
      propTypes: {
        name: React.PropTypes.string.isRequired,
      },
      render: function() {
        return React.DOM.span(null, "My name is " + this.props.name);
      }
    });
    ReactDOM.render(
      React.createElement(Component, {
        // name: "Bob",
        // name: 123,
      }),
      document.getElementById("app")
    );
```

| Elements | Console | Sources | Network | Timeline | Profiles | Resources | Audits | React |

html

| Console | Emulation | Rendering |

⊘ ▽ <top frame>   ▼ ☐ Preserve log

Filter   ☐ Regex ☐ Hide network messages All Errors Warnings Info Logs Debug Handled

⊗ ▶Warning: Failed propType: Required prop `name` was not specified in `<<anonymous>>`.
>

그림 2–3. 필수 프로퍼티를 제공하지 않은 경우 표시되는 경고

잘못된 형식(예: 정수)의 값을 제공한 경우에도 경고가 표시된다(그림 2–4).

```
React.createElement(Component, {
    name: 123,
})
```

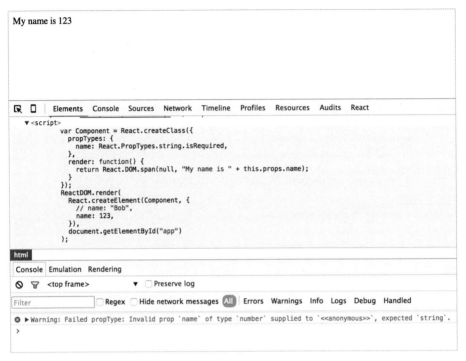

My name is 123

```
▼<script>
        var Component = React.createClass({
          propTypes: {
            name: React.PropTypes.string.isRequired,
          },
          render: function() {
            return React.DOM.span(null, "My name is " + this.props.name);
          }
        });
        ReactDOM.render(
          React.createElement(Component, {
            // name: "Bob",
            name: 123,
          }),
          document.getElementById("app")
        );
```

> Warning: Failed propType: Invalid prop `name` of type `number` supplied to `<<anonymous>>`, expected `string`.

그림 2-4. 잘못된 형식을 제공한 경우 표시되는 경고

그림 2-5에는 컴포넌트가 받을 프로퍼티를 선언하는 데 사용할 수 있는 PropTypes가 나온다.

 컴포넌트에 propTypes를 선언하는 것은 선택적이다. 즉, 일부 프로퍼티를 여기에 나열하지 않을 수도 있다. 모든 프로퍼티를 선언하지 않는 것은 좋지 않다는 사실을 알 수 있지만, 다른 사람의 코드를 디버그할 때는 선언되지 않은 프로퍼티가 있을 수 있다는 점을 기억해야 한다.

```
Console | Search  Emulation  Rendering
⊘  ▽   <top frame>              ▼  ☐ Preserve log
> Object.keys(React.PropTypes).join('\n')
< "array
  bool
  func
  number
  object
  string
  any
  arrayOf
  element
  instanceOf
  node
  objectOf
  oneOf
  oneOfType
  shape"
> |
```

그림 2-5. 모든 React.PropTypes 목록

기본 프로퍼티 값

컴포넌트가 선택적 프로퍼티를 받는 경우 프로퍼티 값을 제공하지 않아도 컴포넌트가 작동할
수 있게 조치가 필요하다. 결국 다음과 같이 방어적인 기본 파트 코드를 고려하게 된다.

```
var text = 'text' in this.props ? this.props.text : '';
```

getDefaultProps() 메서드를 구현하면 이러한 유형의 코드를 작성할 필요 없이 중요한 일에
집중할 수 있다.

```
var Component = React.createClass({
    propTypes: {
        firstName: React.PropTypes.string.isRequired,
        middleName: React.PropTypes.string,
        familyName: React.PropTypes.string.isRequired,
        address: React.PropTypes.string,
    },
```

```
  getDefaultProps: function() {
    return {
      middleName: '',
      address: 'n/a',
    };
  },

  render: function() {/* ... */}
});
```

여기서 볼 수 있듯이 getDefaultProps()는 각 선택적 프로퍼티(.isRequired가 없는 프로퍼티)에 유효한 값을 제공하는 객체를 반환한다.

상태

지금까지 살펴본 예제는 상당히 정적(또는 "상태 비저장")이었다. 이들 예제의 목적은 UI를 구축하는 데 필요한 기본 구성 요소를 소개하는 것이었다. 그러나 리액트가 기존의 브라우저 DOM 조작과 유지 관리에 비해 가지는 장점은 애플리케이션에서 데이터가 변경될 때 드러난다. 리액트에는 컴포넌트가 자신을 렌더링할 때 사용하는 데이터인 상태^{state}라는 개념이 있다. 상태가 변경되면 리액트는 UI를 재구축한다. 즉, render()에서 UI를 만든 다음에는 해당 데이터를 업데이트하는 데만 신경 쓰면 된다. 컴포넌트의 모양에 대한 정보는 render() 메서드에서 이미 제공했으므로 UI 변경에 대해서는 걱정할 필요가 없다.

> setState()를 호출한 이후 UI 업데이트는 변경 사항을 효율적으로 일괄 처리하는 대기열 메커니즘을 통해 처리되며, this.state를 직접 업데이트하면 예기치 않은 결과가 발생할 수 있다. this.props와 마찬가지로 this.state 객체 역시 읽기 전용으로 취급하는 것이 좋다. 이를 직접 수정하는 것은 의미상 맞지 않을 뿐 아니라, 예기치 않은 결과가 발생할 수 있다. 이와 비슷하게 this.render()를 직접 호출하는 것 역시 피해야 하며, 리액트가 변경 내역을 최소화하고 필요한 시점에 render()를 호출하게 해야 한다.

this.props를 통해 프로퍼티에 접근할 수 있는 것과 비슷하게 this.state 객체를 통해 상태에 접근할 수 있다. 상태를 업데이트하려면 this.setState()를 사용한다. this.setState()가 호출되면 리액트는 여러분의 render() 메서드를 호출하고 UI를 업데이트한다.

리액트는 setState()가 호출되면 UI를 업데이트한다. 이것이 가장 일반적인 시나리오지만, 뒤에 살펴볼 다른 방법도 있다. UI가 업데이트되지 않게 하려면 shouldComponentUpdate()라는 특수한 "수명 주기" 메서드에서 false를 반환하면 된다.

상태 저장 텍스트 영역 컴포넌트

입력된 문자 수를 계산하는 텍스트 영역을 새로운 컴포넌트로 제작해보자(그림 2-6).

```
Bob
                                    ⁄⁄

3
```

그림 2-6. 커스텀 텍스트 영역 컴포넌트

이 컴포넌트는 다음과 같이 사용할 수 있다.

```
ReactDOM.render(
    React.createElement(TextAreaCounter, {
        text: "Bob",
    }),
    document.getElementById("app")
);
```

이제 컴포넌트를 구현해보자. 우선 업데이트를 처리하지 않는 "상태 비저장" 버전부터 만들어보자. 이 버전은 이전의 예제와 그리 다르지 않다.

```
var TextAreaCounter = React.createClass({
    propTypes: {
        text: React.PropTypes.string,
    },
```

```
getDefaultProps: function() {
    return {
        text: '',
    };
},

render: function() {
    return React.DOM.div(null,
        React.DOM.textarea({
            defaultValue: this.props.text,
        }),
        React.DOM.h3(null, this.props.text.length)
    );
}
});
```

 위 코드의 텍스트 영역은 HTML에서 일반적인 텍스트 자식이 아니라 defaultValue 프로퍼티를 받는 것을 확인할 수 있다. 그 이유는 리액트와 기존 HTML이 폼을 처리하는 방법에 약간의 차이가 있기 때문이다. 자세한 내용은 4장에서 설명하며 그리 큰 차이는 아니므로 걱정할 필요는 없다. 또한 이러한 차이는 충분히 이해할 만하며, 사실은 개발자의 부담을 덜어주기 위한 것임을 알 수 있을 것이다.

여기서 볼 수 있듯이 이 컴포넌트는 선택적인 텍스트 문자열 프로퍼티를 받고 주어진 값을 포함하는 텍스트 영역과 문자열의 length를 표시하는 〈h3〉 요소 하나를 렌더링한다(그림 2-7).

그림 2-7. TextAreaCounter 컴포넌트

다음 단계는 이 상태 비저장 컴포넌트를 상태 저장 컴포넌트로 바꾸는 것이다. 다른 말로
하면, 컴포넌트가 자체 데이터(상태)를 유지 관리하게 해서 나중에 데이터가 변경되고
자신(렌더러)을 업데이트할 때 이 데이터를 이용해 렌더링하게 해보자.

항상 유효한 데이터로 작업할 수 있도록 컴포넌트에서 getInitialState() 메서드를 구현한다.

```
getInitialState: function() {
  return {
    text: this.props.text,
  };
},
```

이 컴포넌트가 유지 관리하는 데이터는 텍스트 영역의 단순한 텍스트이므로 상태는
this.state.text를 통해 접근할 수 있는 text라는 하나의 프로퍼티만 가진다. 처음에는 단순히
getInitialState()에서 text 프로퍼티를 복사한다. 나중에 사용자가 텍스트 영역에 텍스트를
입력해 데이터가 변경되면 컴포넌트는 도우미 메서드를 이용해 자체 상태를 업데이트한다.

```
_textChange: function(ev) {
  this.setState({
    text: ev.target.value,
  });
},
```

상태를 업데이트할 때는 항상 this.setState()를 사용한다. 이 메서드는 객체 하나를 받고 이를 this.state에 있는 기존 데이터와 병합한다. 짐작할 수 있겠지만, _textChange()는 이벤트 ev 객체를 받고 텍스트 영역에 입력된 텍스트를 가져오는 이벤트 리스너다.

마지막으로 할 일은 this.props 대신 this.state를 이용하고 이벤트 리스너를 설정하도록 render() 메서드를 업데이트하는 것이다.

```
render: function() {
  return React.DOM.div(null,
    React.DOM.textarea({
      value: this.state.text,
      onChange: this._textChange,
    }),
    React.DOM.h3(null, this.state.text.length)
  );
}
```

이제 사용자가 텍스트 영역에 텍스트를 입력할 때마다 문자 수를 나타내는 카운터가 업데이트된다.

```
Bob, Sponge Bob

15
```

```
Elements   Console   Sources   Network   Timeline   Profiles
▼ <script>
        var TextAreaCounter = React.createClass({

          propTypes: {
            text: React.PropTypes.string,
          },

          getInitialState: function() {
            return {
              text: this.props.text,
            };
          },

          _textChange: function(ev) {
            this.setState({
              text: ev.target.value,
            });
          },

          render: function() {
            return React.DOM.div(null,
              React.DOM.textarea({
                value: this.state.text,
                onChange: this._textChange,
              }),
              React.DOM.h3(null, this.state.text.length)
            );
          }
        });

        ReactDOM.render(
          React.createElement(TextAreaCounter, {
            text: "Bob",
          }),
```

그림 2-8. 텍스트 영역에 텍스트를 입력

DOM 이벤트 참고 사항

혼동을 피하기 위해 다음 코드 라인에 대한 몇 가지 사항을 확인해보자.

```
onChange: this._textChange
```

리액트는 성능과 편의성, 유효성 유지를 위해 자체 합성 이벤트 시스템synthetic events system을 이용한다. 그 이유를 이해하려면 순수 DOM 환경에서 작업이 수행되는 방법을 살펴봐야 한다.

기존의 이벤트 처리 방식

다음과 같이 인라인 이벤트 핸들러를 이용해 작업을 처리하는 방법은 아주 편리하다.

```
<button onclick="doStuff">
```

이 방식은 편리하며 코드를 읽기도 쉽지만(이벤트 리스너가 UI와 함께 있음), 이렇게 다수의 이벤트 리스너를 분산시키는 것은 비효율적이다. 또한 동일한 버튼에 리스너를 두 개 이상 추가하기도 어렵고, 특히 이러한 버튼이 다른 개발자의 "컴포넌트"나 라이브러리에 있고 해당하는 코드를 직접 조작하고 싶지 않을 때는 작업하기가 더 어렵다. 이 때문에 DOM 환경에서는 element.addEventListener를 이용해 리스너(이제 코드를 여러 위치에 넣을 수 있음)와 이벤트 위임(성능 문제 해결을 위해)을 설정한다. 이벤트 위임이 가능하다는 것은 부모 노드(예: 여러 버튼을 포함하는 〈div〉)에서 이벤트를 수신하고 모든 버튼을 처리하는 리스너 하나를 설정할 수 있다는 의미다.

이벤트 위임을 이용해 다음과 같이 작업할 수 있다.

```html
<div id="parent">
    <button id="ok">OK</button>
    <button id="cancel">Cancel</button>
</div>

<script>
document.getElementById('parent').addEventListener('click', function(event) {
    var button = event.target;

    // 클릭한 버튼에 따라 각기 다른 작업을 한다.
    switch (button.id) {
        case 'ok':
            console.log('OK!');
            break;
        case 'cancel':
            console.log('Cancel');
            break;
        default:
            new Error('Unexpected button ID');
    };
});
</script>
```

이 방식은 잘 작동하지만 단점이 있다.

- 리스너 선언이 UI 컴포넌트와 떨어져 있기 때문에 원하는 코드를 찾고 디버그하기 어렵다.

- 항상 위임과 스위칭을 이용하면 실제 작업을 하기도 전에 기본 파트 코드(이 경우 버튼 클릭에 반응하는 코드)
  를 넣어야 한다.

- 브라우저 간의 차이(이 예제에서는 생략됨) 때문에 코드가 더 길어져야 한다.

이 코드로 실제로 사용하려면 모든 브라우저를 지원하도록 몇 가지 사항을 추가해야 한다.

- addEventListener와 함께 attachEvent가 필요하다.

- 리스너 상단에 var event = event || window.event;가 필요하다.

- addEventListener가 필요하다.

이벤트 라이브러리 사용을 고려하는 이유가 바로 이렇게 복잡하고 귀찮은 사항 때문이다. 다행스러운 사실은 리액트에 까다로운 이벤트 처리를 위한 해결책이 포함돼 있으므로 다른 라이브러리를 추가할 필요가 없다는 것이다.

리액트의 이벤트 처리

리액트는 브라우저 이벤트를 래핑하고 정규화하는 합성 이벤트$^{synthetic\ event}$를 사용하므로 브라우저 불일치 문제가 자연스럽게 해결된다. 즉, 모든 브라우저에서 안심하고 event.target을 사용할 수 있다. 이것이 앞서 살펴본 TextAreaCounter 코드에서 ev.target.value만 이용해 작업한 이유다. 또한 이벤트를 취소하는 API가 모든 브라우저에서 동일하다. 즉, event.stopPropagation()과 event.preventDefault()가 이전 IE에서도 작동한다.

구문은 UI와 이벤트 리스너를 함께 유지하기 쉽게 만들어준다. 겉으로 보면 기존 온라인 이벤트 핸들러와 비슷하지만 내부적으로는 다르다. 실제로 리액트는 성능을 개선하기 위해 이벤트 위임을 이용한다.

리액트는 이벤트 핸들러에 캐멀 표기법(camel case)을 이용하므로 onclick이 아닌 onClick을 이용해야 한다.

어떤 이유에서든 원래 브라우저 이벤트가 필요한 경우 event.nativeEvent를 통해 이용할 수 있지만 이렇게 해야 하는 경우는 많지 않을 것이다.

그리고 텍스트 영역 예제에 사용된 onChange 이벤트는 여러분의 예상대로 사용자가 텍스트 입력을 끝내고 필드에서 빠져나올 때가 아니라 입력하는 동안 발생한다. 이러한 동작은 일반 DOM의 동작과 같다.

프로퍼티와 상태

render() 메서드에서 컴포넌트를 표시할 때는 this.props와 this.state를 사용할 수 있지만, 둘 중에서 언제 무엇을 사용해야 할지 확실하지 않을 수 있다.

프로퍼티는 바깥 환경(컴포넌트의 사용자)에서 컴포넌트를 구성하기 위한 메커니즘이다. 상태는 컴포넌트의 내부 데이터다. 객체지향 프로그래밍과 비교하면 this.props는 클래스 생성자로 전달되는 인수와 비슷하며 this.state는 전용 프로퍼티와 비슷하다.

초기 상태의 프로퍼티: 안티 패턴

앞에서 getInitialState() 안에서 this.props를 이용하는 예를 접했다.

```
getInitialState: function() {
  return {
    text: this.props.text,
  };
},
```

사실 이것은 안티 패턴에 해당한다. render() 메서드에서 this.state와 this.props의 어떤 조합이든 자유롭게 이용해 UI를 구축한다면 이상적일 것이다.

그런데 컴포넌트에 전달된 값을 이용해 초기 상태를 구성하고 싶은 경우가 있다. 이것은 전혀 문제가 아니지만, 컴포넌트의 호출자가 프로퍼티(이전 예제에서는 text)가 항상 최신 값이라고 예상하는 경우는 예외에 해당하는데, 이 예제는 이러한 예상을 위반하고 있다. 예상을 올바르게 알리는 데는 간단한 이름 변경으로 충분하다. 예를 들어, text가 아닌 defaultText나 initialValue 등으로 이름을 지정할 수 있다.

```
  propTypes: {
    defaultValue: React.PropTypes.string
  },

  getInitialState: function() {
    return {
      text: this.props.defaultValue,
    };
  },
```

 4장에서는 HTML에 대한 사전 경험이 있는 사용자를 위해 리액트가 자체 입력과 텍스트 영역의 구현으로 이 문제를 해결한 방법을 알아본다.

외부에서 컴포넌트 접근

항상 리액트 앱을 처음부터 새로 만들 수 있는 것은 아니다. 때로는 기존 애플리케이션이나 웹 사이트를 단계별로 리액트로 마이그레이션해야 하는 경우도 있다. 다행히 리액트는 기존의 어떤 코드 기반과도 함께 작동할 수 있게 설계됐다. 원래 리액트의 개발자가 세계를 멈추고 엄청나게 큰 애플리케이션(페이스북) 전체를 처음부터 새로 만들 수는 없었다는 점을 생각하면 자연스러운 일이다.

리액트 앱이 외부 환경과 통신하는 한 가지 방법은 ReactDOM.render()로 렌더링하는 컴포넌트에 대한 참조를 얻고 이를 컴포넌트 외부에서 사용하는 것이다.

```
var myTextAreaCounter = ReactDOM.render(
  React.createElement(TextAreaCounter, {
    defaultValue: "Bob",
  }),
  document.getElementById("app")
);
```

그런 다음 myTextAreaCounter를 이용해 컴포넌트 내부에서 접근할 때와 마찬가지로 동일한 메서드와 프로퍼티에 접근할 수 있다. 그림 2-9와 같이 자바스크립트 콘솔을 이용해 컴포넌트를 테스트할 수도 있다.

그림 2-9. 참조를 통해 렌더링된 컴포넌트에 접근할 수 있다.

다음 코드는 새로운 상태를 설정한다.

```
myTextAreaCounter.setState({text: "Hello outside world!"});
```

다음 코드는 리액트가 생성한 주 부모 DOM 노드에 대한 참조를 얻는다.

```
var reactAppNode = ReactDOM.findDOMNode(myTextAreaCounter);
```

다음은 〈div id="app"〉의 첫 번째 자식이며, 리액트에 필요한 작업을 하도록 지시한다.

```
reactAppNode.parentNode === document.getElementById('app'); // true
```

프로퍼티와 상태에 접근하는 방법은 다음과 같다.

```
myTextAreaCounter.props; // Object { defaultValue: "Bob"}
myTextAreaCounter.state; // Object { text: "Hello outside world!"}
```

컴포넌트 외부에서 전체 컴포넌트 API에 접근할 수 있다. 그러나 이 강력한 능력은 가급적 사용을 자제해야 한다. 예를 들어, 노드가 전체 페이지 안에 맞을지 확인하기 위해 ReactDOM.findDOMNode()로 노드의 크기를 얻는 정도는 가능하지만 그 이상으로 사용하는 것은 피하는 것이 좋다. 자신에게 속하지 않은 컴포넌트의 상태를 건드리거나 조작하고 싶다는 생각이 들 수 있지만, 컴포넌트는 이러한 침입을 예상하지 못하므로 결국 버그의 원인이 된다. 예를 들어, 다음 코드는 작동하지만 권장되지 않는다.

```
// 잘못된 예
myTextAreaCounter.setState({text: 'NOOOO'});
```

작동 중 프로퍼티 변경

이미 알고 있겠지만 프로퍼티는 컴포넌트를 구성하는 방법이다. 따라서 컴포넌트가 생성된 후 외부에서 프로퍼티를 변경하더라도 문제가 없어 보인다. 그러나 이러한 시나리오를 처리하도록 컴포넌트에 준비가 필요하다.

이전 예제의 render() 메서드를 살펴보면 this.state만 사용하는 것을 볼 수 있다.

```
render: function() {
  return React.DOM.div(null,
    React.DOM.textarea({
      value: this.state.text,
      onChange: this._textChange,
    }),
    React.DOM.h3(null, this.state.text.length)
  );
}
```

컴포넌트 외부에서 프로퍼티를 변경해도 컴포넌트의 렌더링에는 영향을 미치지 않는다. 즉, 텍스트 영역의 내용이 변경되지 않는다.

```
myTextAreaCounter = ReactDOM.render(
  React.createElement(TextAreaCounter, {
    defaultValue: "Hello", // 이전에는 "Bob"이었음
  }),
  document.getElementById("app")
);
```

새로운 ReactDOM.render() 호출을 통해 myTextAreaCounter를 재기록해도 애플리케이션의 상태는 유지된다. 리액트는 앱의 전/후를 조정하는 방법으로 모든 것을 바꾸지 않고 최소한의 변경을 적용한다.

this.props의 내용이 이제 변경된다(UI는 변경되지 않음).

```
myTextAreaCounter.props; // Object { defaultValue="Hello" }
```

 상태를 설정하면 UI가 업데이트된다.

```
// 잘못된 예
myTextAreaCounter.setState({text: 'Hello'});
```

그러나 이렇게 하면 더 복잡한 컴포넌트에서는 상태 불일치가 발생할 수 있으므로 권장되지 않는다. 예를 들어, 내부 카운터, 부울 플래그, 이벤트 리스너 등을 망쳐놓을 수 있다.

외부의 프로퍼티 변경을 매끄럽게 처리하려면 프로퍼티 변경에 대비하는 componentWillReceiveProps() 메서드를 구현하면 된다.

```
componentWillReceiveProps: function(newProps) {
  this.setState({
    text: newProps.defaultValue,
  });
},
```

이 메서드는 새로운 프로퍼티 객체를 받고 state를 적절하게 설정한다. 또한 컴포넌트를 유효한 상태로 유지하는 데 필요한 다른 작업도 할 수 있다.

수명 주기 메서드

위의 코드 조각에 나온 componentWillReceiveProps()는 리액트가 제공하는 수명 주기 메서드 중 하나다. 수명 주기 메서드는 컴포넌트가 변경될 때 호출된다. 다음과 같은 수명 주기 메서드를 구현할 수 있다.

```
componentWillUpdate()
```

(프로퍼티나 상태의 변경에 의해) 컴포넌트의 render() 메서드가 호출되기 전에 실행된다.

```
componentDidUpdate()
```

render() 메서드가 작업을 완료하고 기반 DOM의 새로운 변경 사항이 적용된 후에 실행된다.

```
componentWillMount()
```

노드가 DOM에 삽입되기 전에 실행된다.

```
componentDidMount()
```

노드가 DOM에 삽입된 후에 실행된다.

```
componentWillUnmount()
```

컴포넌트가 DOM에서 제거되기 직전에 실행된다.

```
shouldComponentUpdate(newProps, newState)
```

이 메서드는 componentWillUpdate()가 호출되기 전에 실행되며 **return** false;를 통해 업데이트를 취소할 수 있는 기회를 준다. 즉, render() 메서드가 실행되지 않게 한다. 이 메서드는 앱의 성능에 중요한 영향을 미치는 부분에서 중요한 항목이 변경되지 않았고 렌더링이 필요 없다고 판단될 때 유용하다. 이 결정을 내리는 기준은 newState 및 newProps 인수와 기존의 this.state 및 this.props를 비교한 결과를 바탕으로 할 수 있다. 또는 컴포넌트가 정적이며 변경되지 않는다는 것을 미리 알 수 있는 경우도 있다. 조만간 예제를 살펴보겠다.

수명 주기 예제: 모두 기록하기

컴포넌트의 수명을 이해하는 데 도움이 되도록 TextAreaCounter 컴포넌트에 로깅 기능을 추가해보자. 여기서는 간단하게 모든 수명 주기 메서드를 구현하고 메서드 이름과 전달된 인수를 콘솔에 로깅하게 했다.

```javascript
var TextAreaCounter = React.createClass({

  _log: function(methodName, args) {
    console.log(methodName, args);
  },
  componentWillUpdate: function() {
    this._log('componentWillUpdate', arguments);
  },
  componentDidUpdate: function() {
```

```
            this._log('componentDidUpdate', arguments);
        },
        componentWillMount: function() {
            this._log('componentWillMount', arguments);
        },
        componentDidMount: function() {
            this._log('componentDidMount', arguments);
        },
        componentWillUnmount: function() {
            this._log('componentWillUnmount', arguments);
        },

        // ...
        // 추가 구현, render() 등

    };
```

그림 2-10을 보면 페이지를 로드한 후 어떤 일이 생기는지 볼 수 있다.

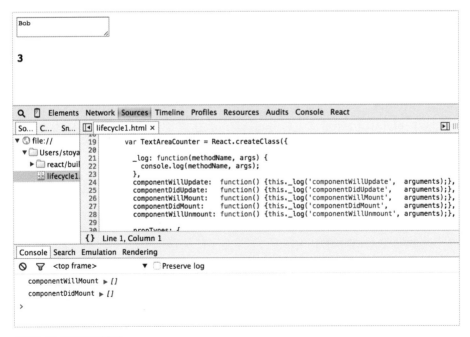

그림 2-10. 컴포넌트 마운팅

그림에서 볼 수 있듯이 두 메서드가 인수 없이 호출됐는데, 일반적으로 이 둘 중에서는 componentDidMount()가 좀 더 흥미롭다. 예를 들어, 컴포넌트의 크기를 알아야 할 때 ReactDOM.findDOMNode(this)를 이용하면 새로 마운팅된 DOM 노드에 접근할 수 있다. 또한 이제 컴포넌트가 작동 중이므로 모든 종류의 초기화 작업을 할 수 있다.

이제 텍스트 "s"를 입력해 텍스트를 "Bobs"로 만들면 무슨 일이 생길까? 그림 2-11에 결과가 나온다.

componentWillUpdate(nextProps, nextState) 메서드가 호출되고 컴포넌트를 다시 렌더링하는 데 사용할 새로운 데이터가 전달됐다. 첫 번째 인수는 미래 this.props의 값(이 예에서는 변경되지 않음)이고, 두 번째는 미래 this.state의 새로운 값이다. 세 번째는 context지만 아직은 그리 흥미를 끌지 않는다. 이제 인수(예: newProps)를 현재 this.props와 비교하고 결과에 따라 적절하게 작업할 수 있다.

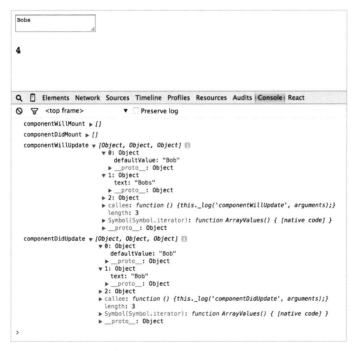

그림 2-11. 컴포넌트 업데이트

componentWillUpdate() 다음에는 componentDidUpdate(oldProps, old State)가 변경 전의 프로퍼티 및 상태 값과 함께 호출된 것을 볼 수 있다. 여기가 변경 후 원하는 작업을 할 수 있는 기회다. componentWillUpdate()에서와는 달리 여기서는 this.setState()를 사용할 수 있다.

텍스트 영역에 입력할 수 있는 문자 수를 제한하려고 한다고 가정해보자. 우선 사용자가 입력할 때 호출되는 이벤트 핸들러 _textChange()에서 하는 방법이 있다. 그런데 다른 사람이 컴포넌트 외부에서 setState()를 호출한다면 어떻게 될까? 앞에서 언급했지만 물론 이것은 좋은 생각이 아니다. 그래도 컴포넌트의 일관성과 안정성을 보호할 수 있을까? 물론이다. componentDidUpdate()에서 유효성을 검사하고 문자 수가 허용된 수보다 많으면 상태를 원래대로 되돌리면 된다. 다음과 같이 하면 된다.

```
componentDidUpdate: function(oldProps, oldState) {
  if (this.state.text.length > 3) {
    this.replaceState(oldState);
  }
},
```

다소 과민한 것 같지만 가능한 방법이다.

 setState() 대신 replaceState()를 사용한 데 주의하자. setState(obj)는 obj의 프로퍼티와 this.state의 항목을 병합하지만 replaceState()는 모든 항목을 완전히 대체한다.

수명 주기 예제: 믹스인 사용

이전 예제에서는 전체 5개 중 4개의 수명 주기 메서드가 로깅되는 것을 확인했다. 마지막 수명 주기 메서드인 componentWillUnmount()의 의미는 자식 컴포넌트가 부모에 의해 제거되는 경우를 살펴보면 잘 이해할 수 있다. 이 예제에서는 자식과 부모의 모든 변경 사항을 로깅하길 원하므로 코드 재사용을 위한 새로운 개념인 믹스인mixin을 이용한다.

믹스인은 메서드와 프로퍼티의 컬렉션을 포함하는 자바스크립트 객체로서, 그 자체로
사용하는 것이 아니라 다른 객체의 프로퍼티에 포함해서 사용한다. 로깅 예제의 경우 다음과
같이 믹스인을 사용할 수 있다.

```
var logMixin = {
    _log: function(methodName, args) {
        console.log(this.name + '::' + methodName, args);
    },
    componentWillUpdate: function() {
        this._log('componentWillUpdate', arguments);
    },
    componentDidUpdate: function() {
        this._log('componentDidUpdate', arguments);
    },
    componentWillMount: function() {
        this._log('componentWillMount', arguments);
    },
    componentDidMount: function() {
        this._log('componentDidMount', arguments);
    },
    componentWillUnmount: function() {
        this._log('componentWillUnmount', arguments);
    },
};
```

리액트가 아닌 환경에서는 for-in을 이용한 루프로 모든 프로퍼티를 새로운 객체로 복사한
후 새로운 객체에서 모든 믹스인 기능을 이용할 수 있다. 다행히 리액트 환경에서는 mixins
프로퍼티를 이용해 더 편리하게 작업할 수 있다. 예를 들면, 다음과 같다.

```
var MyComponent = React.createClass({

    mixins: [obj1, obj2, obj3],

    // 메서드의 나머지 부분 ...

};
```

자바스크립트 객체의 배열을 mixins 프로퍼티에 할당하면 리액트가 나머지 필요한 작업을 처리한다. logMixin을 포함하는 컴포넌트는 다음과 같다.

```
var TextAreaCounter = React.createClass({
  name: 'TextAreaCounter',
  mixins: [logMixin],
  // 나머지 모든 부분..
};
```

코드에는 호출자를 식별하기 위한 name 프로퍼티가 추가됐다.

믹스인을 사용한 예제를 실행하면 로그인이 작동하는 모습을 볼 수 있다(그림 2-12).

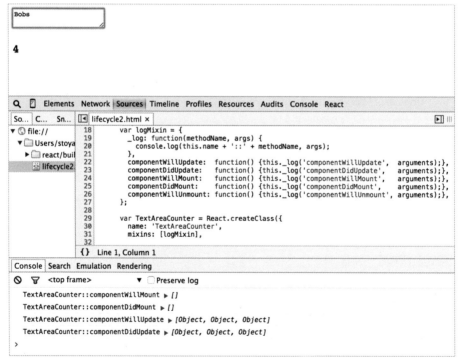

그림 2-12. 믹스인을 이용해 컴포넌트 식별

수명 주기 예제: 자식 컴포넌트 사용

리액트 컴포넌트를 원하는 대로 혼합하거나 중첩해 사용할 수 있다. 지금까지는 커스텀이 아닌 React.DOM 컴포넌트를 render() 메서드 안에서만 사용했다. 이번에는 간단한 커스텀 컴포넌트를 자식으로 사용해보자.

이전 예제의 카운터 부분은 별도의 컴포넌트로 분리할 수 있다.

```
var Counter = React.createClass({
    name: 'Counter',
    mixins: [logMixin],
    propTypes: {
        count: React.PropTypes.number.isRequired,
    },
    render: function() {
        return React.DOM.span(null, this.props.count);
    }
});
```

이 컴포넌트는 카운터 부분으로서 <span>을 렌더링하지만 상태를 유지하지 않고 부모로부터 받은 count 프로퍼티를 표시하는 일만 한다. 그리고 수명 주기 메서드가 호출될 때 로깅하기 위해 logMixin에서 믹스인을 수행한다.

다음은 부모 TextAreaCounter 컴포넌트의 render() 메서드를 업데이트할 차례다. 카운트가 0이면 숫자를 표시할 필요가 없으므로 조건부로 Counter 컴포넌트를 사용해야 한다.

```
render: function() {
    var counter = null;
    if (this.state.text.length > 0) {
        counter = React.DOM.h3(null,
            React.createElement(Counter, {
                count: this.state.text.length,
            })
        );
    }
    return React.DOM.div(null,
```

```
    React.DOM.textarea({
       value: this.state.text,
       onChange: this._textChange,
    }),
       counter
    );
  }
```

텍스트 영역이 비어 있으면 counter 변수는 null이다. 텍스트가 있는 경우 counter 변수는 문자 수를 표시하는 UI의 일부를 포함한다. 전체 UI를 인라인으로 만들어 주 React.DOM.div 컴포넌트의 인수로 넣을 필요는 없으며, UI 조각을 변수에 할당하고 조건에 따라 사용할 수 있다.

이제 두 컴포넌트에서 수명 주기 메서드가 로깅되는 것을 관찰할 수 있다. 그림 2-13에서 페이지를 로드하고 텍스트 영역의 내용을 수정할 때 어떤 일이 생기는지 볼 수 있다.

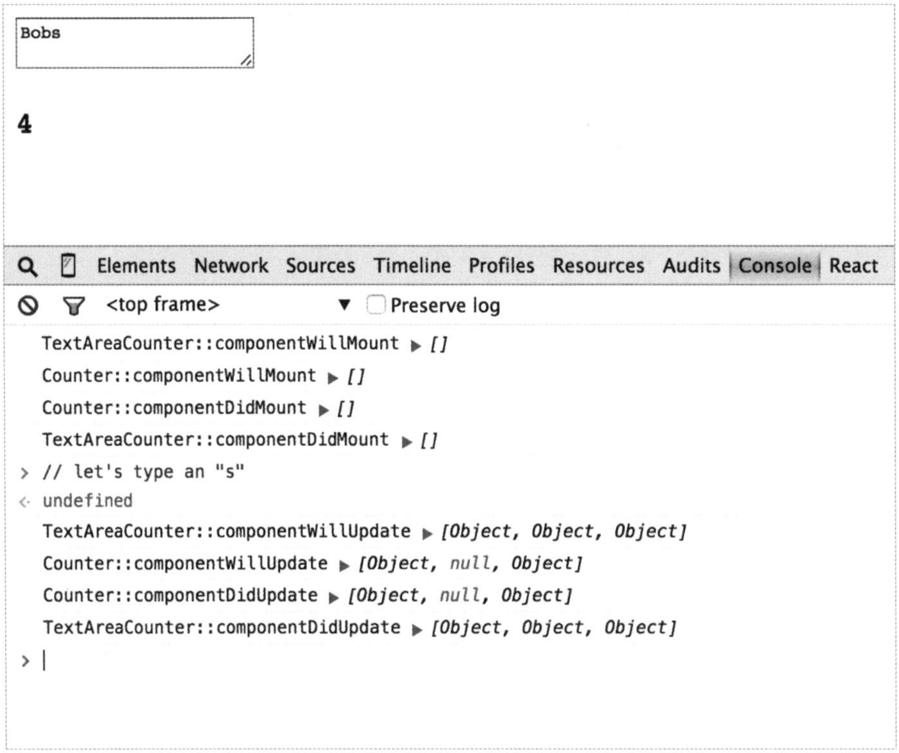

그림 2-13. 두 컴포넌트의 마운팅과 업데이트

자식 컴포넌트가 부모보다 먼저 마운팅되고 업데이트되는 것을 볼 수 있다.

그림 2-14에는 텍스트 영역에서 텍스트를 삭제한 후 카운트가 0이 됐을 때 어떤 일이 생기는지 보여준다. 이 경우 componentWillUnmount 콜백을 통해 알림을 전달한 후, Counter 자식이 null이 되고 이에 해당하는 DOM 노드가 DOM 트리에서 제거된다.

그림 2-14. Counter 컴포넌트의 언마운팅

성능을 위한 컴포넌트 업데이트 방지

마지막으로 수명 주기 메서드 shouldComponentUpdate(next Props, nextState)는 앱에서 성능에 민감한 부분을 개발할 때 특히 중요하다. 이 메서드는 componentWillUpdate()보다 전에 호출되며 업데이트가 필요하지 않은 경우 취소할 수 있는 기회를 준다.

자신의 render() 메서드에서 this.props와 this.state만 사용하며 추가 함수 호출을 하지 않는 컴포넌트 클래스가 있다. 이러한 컴포넌트를 "순수" 컴포넌트라고 한다. 이러한 컴포넌트는 shouldComponentUpdate()를 구현하고 전과 후의 상태와 프로퍼티를 비교하고 변경 사항이 없는 경우 false를 반환해 프로세싱 파워를 절약할 수 있다. 또한 props와 state를 사용하지 않는 순수 정적 컴포넌트는 곧바로 false를 반환할 수 있다.

render() 메서드를 호출했을 때 어떤 일이 생기는지 살펴보고 shouldComponentUpdate()를 구현해 성능을 개선해보자.

먼저 Counter 컴포넌트를 수정해보자. 이번에는 로깅 믹스인을 제거하고 render() 메서드가 호출될 때마다 콘솔에 로깅하게 한다.

```
var Counter = React.createClass({
    name: 'Counter',
    // 믹스인: [logMixin],
    propTypes: {
        count: React.PropTypes.number.isRequired,
    },
    render() {
        console.log(this.name + '::render()');
        return React.DOM.span(null, this.props.count);
    }
});
```

TextAreaCounter도 마찬가지로 수정한다.

```
var TextAreaCounter = React.createClass({
    name: 'TextAreaCounter',
    // 믹스인: [logMixin],

    // 나머지 다른 메서드...

    render: function() {
        console.log(this.name + '::render()');
        // ... 렌더링의 나머지 부분
    }
});
```

이제 페이지를 로드하고 문자열 "LOL"을 붙여넣어 "Bob"을 대체하면 그림 2-15와 같은 결과를 볼 수 있다.

텍스트를 업데이트하면 TextAreaCounter의 render() 메서드가 호출되며, 결과적으로 Counter의 render() 메서드가 호출된다. "Bob"을 "LOL"으로 대체하면 업데이트 전과 후의 문자 수는 동일하므로 Counter의 UI에는 변경 사항이 없다. 즉, Counter의 render()는 호출할 필요가 없다. 이 경우 shouldComponentUpdate()를 구현하고 렌더링이 필요하지 않을 때 false를 반환하면 리액트가 추가로 최적화하도록 도울 수 있다. 이 메서드는 미래 버전의 props와 state를 받고(이 컴포넌트에서 state는 필요 없음) 현재와 미래 값을 비교한다.

```
shouldComponentUpdate(nextProps, nextState_ignore) {
    return nextProps.count !== this.props.count;
},
```

"Bob"에서 "LOL"로 동일하게 업데이트해도 Counter는 다시 렌더링되지 않는다(그림 2-16).

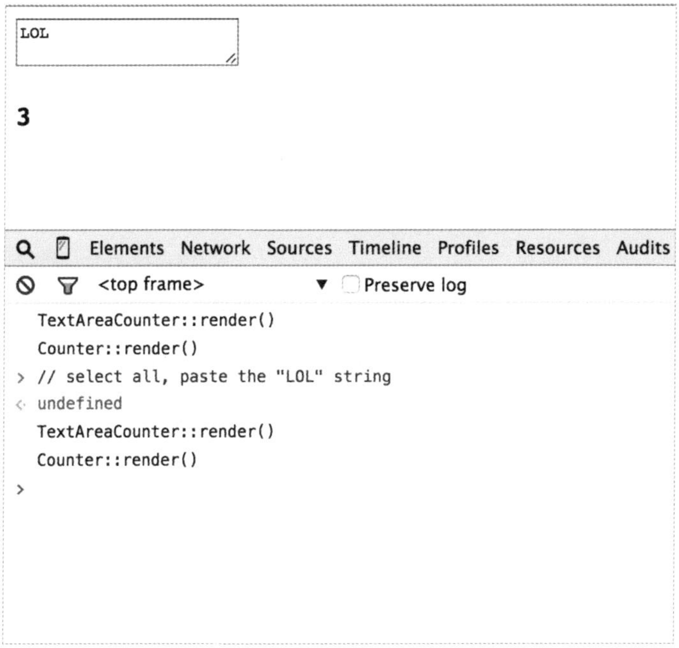

그림 2-15. 두 컴포넌트가 다시 렌더링된다.

그림 2-16. 재렌더링 사이클 한 번을 생략해 성능을 향상했다.

PureRenderMixin

shouldComponentUpdate()의 구현은 아주 간단하며, this.props와 nextProps를 비교하고 this.state와 nextState를 비교하는 작업은 항상 해야 하므로 이 구현을 범용으로 만드는 것도 충분히 가능하다. 리액트는 이러한 범용 구현을 어떤 컴포넌트에도 포함할 수 있는 믹스인 형태로 제공한다.

다음과 같이 이용할 수 있다.

```html
<script src="react/build/react-with-addons.js"></script>
<script src="react/build/react-dom.js"></script>
<script>

    var Counter = React.createClass({
        name: 'Counter',
        mixins: [React.addons.PureRenderMixin],
        propTypes: {
            count: React.PropTypes.number.isRequired,
```

```
        },
        render: function() {
            console.log(this.name + '::render()');
            return React.DOM.span(null, this.props.count);
        }
    });

    // ....
</script>
```

결과는 동일하며(그림 2-17), 문자 수가 변경되지 않으면 Counter의 render() 메서드가
호출되지 않는다.

PureRenderMixin은 리액트 코어의 일부는 아니며 리액트 애드온의 확장 버전에 포함돼
있다. 따라서 이에 접근하려면 *react/build/react.js*가 아닌 *react/build/react-with-
addons.js*를 포함해야 한다. 그러면 React.addons라는 새로운 네임스페이스가 제공되며,
여기서 PureRenderMixin 및 다른 애드온 기능을 찾을 수 있다.

그림 2-17. PureRenderMixin을 이용한 손쉬운 성능 향상

모든 애드온을 포함하고 싶지 않거나 직접 믹스인을 구현하려면 구현을 들여다보는 것도 괜찮은 방법이다. 구현은 다음과 같이 얕은(비재귀^{nonrecursive}) 동등성 검사를 하는 아주 간단하고 직관적인 코드다.

```
var ReactComponentWithPureRenderMixin = {
  shouldComponentUpdate: function(nextProps, nextState) {
    return !shallowEqual(this.props, nextProps) ||
           !shallowEqual(this.state, nextState);
  }
};
```

03

Excel:
멋진 테이블 컴포넌트

지금까지 커스텀 리액트 컴포넌트를 만들고, 범용 DOM 컴포넌트와 직접 만든 커스텀 컴포넌트를 이용해 UI를 제작(렌더링)하며, 프로퍼티를 설정하고, 상태를 유지 관리하며, 컴포넌트의 수명 주기에 적절한 작업을 하고, 필요하지 않을 때 렌더링을 생략하는 방법으로 성능을 최적화하는 방법을 알아봤다.

이제 지금까지 배운 내용을 모두 활용하고 리액트에 대해 더 배우면서 데이터 테이블이라는 흥미로운 컴포넌트를 만들어보자. 이 컴포넌트는 마이크로소프트 엑셀 v.0.1.beta의 초기 프로토타입과 비슷하게 데이터 테이블의 내용을 편집, 정렬, 검색(필터링)하고 데이터를 다운로드 가능한 파일로 저장할 수 있게 해준다.

데이터 준비

테이블에서는 무엇보다 데이터가 중요하므로 데이터의 배열과 헤더의 배열을 받는 테이블 컴포넌트(Excel이라고 부르자)를 만들어보자. 테스트를 위해 위키피디아[http://en.wikipedia.org/wiki/List_of_best-selling_books]에서 베스트셀러 서적의 목록을 가져왔다.

```
var headers = [
    "Book", "Author", "Language", "Published", "Sales"
];

var data = [
    ["The Lord of the Rings", "J. R. R. Tolkien",
        "English", "1954.1955", "150 million"],
    ["Le Petit Prince (The Little Prince)", "Antoine de Saint-Exupery",
        "French", "1943", "140 million"],
    ["Harry Potter and the Philosopher's Stone", "J. K. Rowling",
        "English", "1997", "107 million"],
    ["And Then There Were None", "Agatha Christie",
        "English", "1939", "100 million"],
    ["Dream of the Red Chamber", "Cao Xueqin",
        "Chinese", "1754.1791", "100 million"],
    ["The Hobbit", "J. R. R. Tolkien",
        "English", "1937", "100 million"],
```

```
    ["She: A History of Adventure", "H. Rider Haggard",
        "English", "1887", "100 million"],
];
```

테이블 헤더 루프

첫 번째 단계는 우선 테이블의 헤더를 표시하는 것이다. 기본적인 구현은 다음과 비슷하게
작성할 수 있다.

```
var Excel = React.createClass({
    render: function() {
        return (
            React.DOM.table(null,
                React.DOM.thead(null,
                    React.DOM.tr(null,
                        this.props.headers.map(function(title) {
                            return React.DOM.th(null, title);
                        })
                    )
                )
            )
        );
    }
});
```

이렇게 작성한 컴포넌트는 다음과 같이 사용할 수 있다.

```
ReactDOM.render(
    React.createElement(Excel, {
        headers: headers,
        initialData: data,
    }),
    document.getElementById("app")
);
```

그림 3-1에는 이 기본적인 예제의 결과가 나온다.

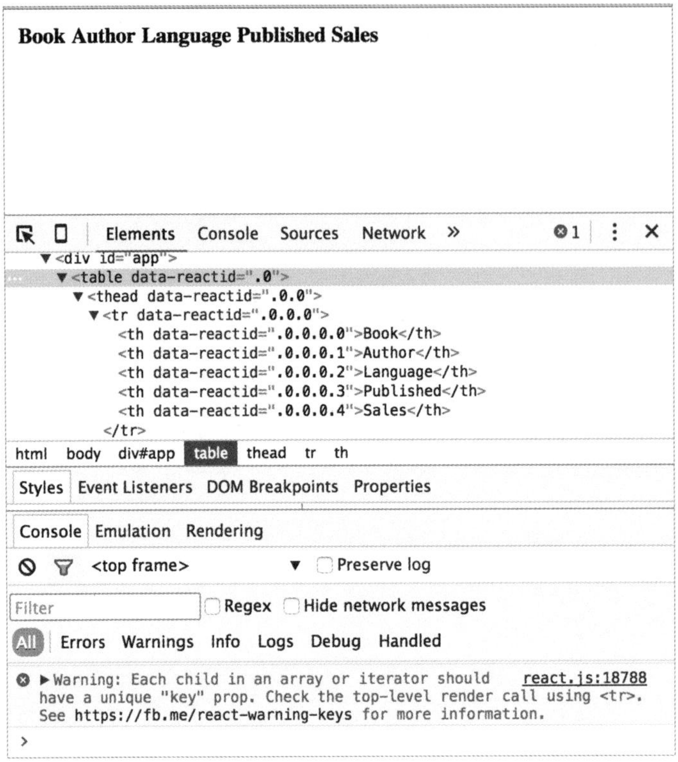

그림 3-1. 테이블 헤더의 렌더링

여기서 배열의 map() 메서드가 처음 나온다. 이 메서드는 자식 컴포넌트의 배열을 반환하는데 사용한다. 배열의 map() 메서드는 각 요소(이 경우 headers 배열의 요소)를 받고 이를 콜백 함수로 전달한다. 여기서 콜백 함수는 새로운 <th> 컴포넌트를 생성하고 이를 반환한다.

여기서 리액트의 진가가 드러난다. 자바스크립트를 사용해 UI를 제작할 수 있으며 자바스크립트의 모든 위력을 그대로 사용할 수 있다. 루프와 조건문이 모두 정상적으로 작동하며 UI를 제작하기 위해 다른 "템플릿" 언어나 구문을 배울 필요가 없다.

지금까지 살펴본 것처럼 각 자식을 별도의 인수로 전달하는 것이 아니라 자식을 단일 배열 인수로서 컴포넌트로 전달할 수 있다. 즉, 다음의 두 가지 예는 모두 작동한다.

```
// 별도의 인수
React.DOM.ul(
  null,
  React.DOM.li(null, 'one'),
  React.DOM.li(null, 'two')
);

// 배열
React.DOM.ul(
  null,
  [
    React.DOM.li(null, 'one'),
    React.DOM.li(null, 'two')
  ]
);
```

콘솔 경고 디버깅

그림 3-1을 보면 콘솔에 경고 하나가 표시돼 있다. 이 경고는 어떤 의미이고 어떻게 해결할 수 있을까? 이 경고의 의미는 다음과 같다. "경고: 배열이나 반복자의 각 자식이 고유한 "key" 프로퍼티를 가져야 합니다. ⟨tr⟩을 사용하는 최상위 render 호출을 확인하십시오."

"⟨tr⟩을 사용하는 최상위 render 호출"은 무엇일까? 이 앱에는 컴포넌트가 하나뿐이므로 이 컴포넌트에 문제가 있음을 유추하기는 어렵지 않지만 실제 앱에는 ⟨tr⟩ 요소를 생성하는 컴포넌트가 아주 많을 수 있다. Excel은 리액트 환경 외부에서 리액트 컴포넌트에 할당한 변수이므로 리액트는 이 컴포넌트의 이름을 알아낼 수 없다. 다음과 같이 displayName 프로퍼티를 선언하면 이 문제를 해결하는 데 도움이 된다.

```
var Excel = React.createClass({
    displayName: 'Excel',
    render: function() {
        // ...
    }
};
```

이제 리액트는 문제가 어디에 있는지 알아내고 다음과 같은 의미의 경고 메시지를 보여준다. "배열의 각 자식이 고유한 "key" 프로퍼티를 가져야 합니다. Excel의 render 메서드를 확인하십시오." 경고 메시지의 정보는 확실히 전보다 도움이 되지만, 중요한 점은 먼저 경고를 해결해야 한다는 것이다. 이 경고를 해결하려면 경고 메시지에 나오는 대로 하면 된다. 이제 어떤 render() 메서드를 수정해야 하는지 알고 있으므로 어렵지 않다.

```
this.props.headers.map(function(title, idx) {
    return React.DOM.th({key: idx}, title);
})
```

무슨 일이 일어난 걸까? Array.prototype.map() 메서드에 전달된 콜백 메서드에는 배열 값, 배열 인덱스(0, 1, 2, 등), 전체 배열의 세 인수가 제공된다. 리액트에 key 프로퍼티를 제공하려면 간단하게 배열 요소의 인덱스(idx)를 건네면 된다. 이러한 키는 이 배열 안에서만 고유하면 되며 전체 리액트 애플리케이션에서 고유할 필요는 없다.

이제 키 문제를 해결하고 약간의 CSS를 추가하면 그림 3-2와 같이 경고가 없는 버전 0.0.1의 컴포넌트를 만들 수 있다.

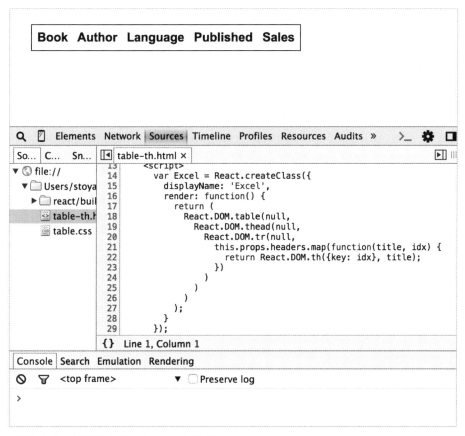

그림 3-2. 경고가 발생하지 않는 테이블 헤더의 렌더링

 단순히 디버깅을 위해 displayName을 추가하기는 귀찮게 느껴질 수 있는데, 다행히 해결책이 있다. 4장에서 소개할 JSX를 사용하면 이름을 자동으로 유추하므로 이 프로퍼티를 정의할 필요가 없다.

⟨td⟩ 내용 추가

이제 깔끔한 테이블 헤더를 만들었고 다음은 본문을 추가할 차례다. 헤더 내용은 일차원 배열이지만(단일 행) data는 이차원 배열이다. 즉, 두 개의 루프가 필요하다. 하나는 행을 순회하고 다른 하나는 각 행의 데이터 셀을 순회한다. 이를 위해 다음과 같이 동일한 .map() 루프를 사용할 수 있다.

```
data.map(function(row) {
  return (
    React.DOM.tr(null,
      row.map(function(cell) {
        return React.DOM.td(null, cell);
      })
    )
  );
})
```

한 가지 더 고려할 사항은 data 변수의 내용이 어디에서 오는지, 그리고 어떻게 변경되는지에
대한 것이다. Excel 컴포넌트의 호출자는 데이터를 전달해 테이블을 초기화할 수 있어야
한다. 그러나 테이블을 계속 이용하다 보면 사용자가 데이터를 정렬, 편집함에 따라 데이터가
변경된다. 다른 말로 하면 컴포넌트의 상태가 변경된다. 따라서 this.state.data를 이용해
변경 내용을 추적하고 this.props.initialData를 이용해 호출자가 컴포넌트를 초기화하도록
해보자. 완성된 구현은 다음과 같으며, 결과는 그림 3-3에 나온다.

```
getInitialState: function() {
  return {data: this.props.initialData};
},

render: function() {
  return (
    React.DOM.table(null,
      React.DOM.thead(null,
        React.DOM.tr(null,
          this.props.headers.map(function(title, idx) {
            return React.DOM.th({key: idx}, title);
          })
        )
      ),
      React.DOM.tbody(null,
        this.state.data.map(function(row, idx) {
          return (
            React.DOM.tr({key: idx},
              row.map(function(cell, idx) {
```

```
                  return React.DOM.td({key: idx}, cell);
              })
            )
          );
        })
      )
    )
  );
}
```

Book	Author	Language	Published	Sales
The Lord of the Rings	J. R. R. Tolkien	English	1954-1955	150 million
tr 765px × 29px e (The Little Prince)	Antoine de Saint-Exupéry	French	1943	140 million
Harry Potter and the Philosopher's Stone	J. K. Rowling	English	1997	107 million
And Then There Were None	Agatha Christie	English	1939	100 million
Dream of the Red Chamber	Cao Xueqin	Chinese	1754-1791	100 million
The Hobbit	J. R. R. Tolkien	English	1937	100 million
She: A History of Adventure	H. Rider Haggard	English	1887	100 million

```
  R  []    Elements  Console  Sources  Network  Timeline  Profiles  Resources  Audits  React              ⋮
<!DOCTYPE html>
<html>
▶ <head>…</head>
▼ <body>
  ▼ <div id="app">
    ▼ <table data-reactid=".0">
      ▶ <thead data-reactid=".0.0">…</thead>
      ▼ <tbody data-reactid=".0.1">
        ▶ <tr data-reactid=".0.1.$0">…</tr>
        ▶ <tr data-reactid=".0.1.$1">…</tr>
        ▶ <tr data-reactid=".0.1.$2">…</tr>
        ▶ <tr data-reactid=".0.1.$3">…</tr>
        ▶ <tr data-reactid=".0.1.$4">…</tr>
        ▶ <tr data-reactid=".0.1.$5">…</tr>
        ▼ <tr data-reactid=".0.1.$6">
···          <td data-reactid=".0.1.$6.$0">She: A History of Adventure</td>
             <td data-reactid=".0.1.$6.$1">H. Rider Haggard</td>
             <td data-reactid=".0.1.$6.$2">English</td>
             <td data-reactid=".0.1.$6.$3">1887</td>
             <td data-reactid=".0.1.$6.$4">100 million</td>
          </tr>
      </tbody>
```

그림 3-3. 전체 테이블 렌더링

코드를 보면 {key: idx}를 반복해 컴포넌트에 있는 배열의 각 요소에 고유한 키를 제공한 것을 알 수 있다. 모든 .map() 루프는 인덱스 0부터 시작하지만 키는 전체 애플리케이션이 아닌 현재 루프에서만 고유하면 되기 때문에 괜찮다.

코드를 보면 render() 함수가 벌써 상당히 복잡해진 것을 알 수 있는데, 특히 닫는 } 및)를 올바르게 넣기가 어려울 수 있다. 4장에서 배울 JSX를 사용하면 문제를 해결할 수 있으므로 걱정하지 않아도 된다!

앞의 코드 조각에는 propTypes 프로퍼티가 빠져있다. 이 프로퍼티는 선택 사항이지만 데이터 유효성 검사와 컴포넌트 문서화의 두 가지 역할을 할 수 있으므로 포함해 주는 것이 좋다. 다른 사용자가 Excel 컴포넌트에 엉뚱한 데이터를 제공하지 않는 일이 없도록 propTypes 프로퍼티를 아주 자세하게 지정해보자. React.PropTypes는 프로퍼티가 배열인지 확인하는 array 검사기^{validator}를 제공한다. 또한 배열 요소의 형식을 지정할 수 있는 arrayOf도 있다. 우선은 헤더 제목과 데이터로 문자열만 받을 수 있게 지정해보자.

```
propTypes: {
  headers: React.PropTypes.arrayOf(
    React.PropTypes.string
  ),
  initialData: React.PropTypes.arrayOf(
    React.PropTypes.arrayOf(
      React.PropTypes.string
    )
  ),
},
```

그런데 너무 엄격한 것은 아닐까?

컴포넌트를 개선하는 방법

범용 스프레드시트에서 문자열 데이터만 입력할 수 있게 하는 제약은 너무 심한 것이다. 연습으로 더 다양한 데이터 형식(React.PropTypes.any)을 허용하고 형식에 따라 다른 방법으로 렌더링해보자(예: 숫자는 오른쪽 정렬).

정렬

웹 페이지의 테이블 내용이 원하는 대로 정렬되지 않은 경우를 흔히 볼 수 있을 것이다. 다행히 리액트에서 이 문제를 해결하기는 아주 쉽다. 정확히 말하면, 데이터 배열을 정렬하기만 하면 UI 업데이트를 자동으로 처리할 수 있으므로 정렬은 리액트의 장점이 잘 드러나는 작업이다.

먼저 헤더 행에 클릭 핸들러를 추가한다.

```
React.DOM.table(null,
   React.DOM.thead({onClick: this._sort},
      React.DOM.tr(null,
         // ...
```

이제 _sort 함수를 구현한다. 먼저 어떤 열을 기준으로 정렬할지 알아야 하는데, 이벤트 대상(이벤트 대상은 테이블 헤더인 <th>임)의 cellIndex 프로퍼티를 이용하면 편리하게 알아낼 수 있다.

```
var column = e.target.cellIndex;
```

 cellIndex는 앱 개발에서 그리 많이 사용되지는 않는다. cellIndex는 DOM 레벨 1에서 "행의 현재 셀의 인덱스"라고 정의됐으며, 이후 DOM 레벨 2에서 읽기 전용으로 전환됐다.

그리고 정렬할 데이터의 복사본이 필요하다. 그렇지 않고 곧바로 배열의 sort() 메서드를 사용하면 메서드가 배열을 수정한다. 즉, this.state.data.sort()가 this.state를 수정한다. 이미 알고 있겠지만 this.state는 직접 수정하지 말고 setState()로만 수정해야 한다.

```
// 데이터를 복사한다.
var data = this.state.data.slice(); // 또는 ES6에서 `Array.from(this.state.data)`
```

실제 정렬은 sort() 메서드로의 콜백을 통해 수행된다.

```
data.sort(function(a, b) {
   return a[column] > b[column] ? 1 : -1;
});
```

마지막으로 다음 행은 정렬된 새로운 데이터로 상태를 설정한다.

```
this.setState({
    data: data,
});
```

이제 헤더를 클릭하면 내용이 알파벳 순으로 정렬된다(그림 3-4).

Book	Author	Language	Published	Sales
And Then There Were None	Agatha Christie	English	1939	100 million
Dream of the Red Chamber	Cao Xueqin	Chinese	1754-1791	100 million
Harry Potter and the Philosopher's Stone	J. K. Rowling	English	1997	107 million
Le Petit Prince (The Little Prince)	Antoine de Saint-Exupéry	French	1943	140 million
She: A History of Adventure	H. Rider Haggard	English	1887	100 million
The Hobbit	J. R. R. Tolkien	English	1937	100 million
The Lord of the Rings	J. R. R. Tolkien	English	1954-1955	150 million

```
Q  Elements  Network  Sources  Timeline  Profiles  Resources  Audits  Console  React          >_  ⚙  ▢
S... C... S...  ◄ table-sort.html ×                                                              ▶▌ ▥
▼ file://            32      _sort: function(e) {
  ▼ Users/std        33          var column = e.target.cellIndex;
    ► react/b        34          var data = this.state.data.slice();
      table-s        35          data.sort(function(a, b) {
      table.cs       36              return a[column] > b[column];
                     37          });
                     38          this.setState({
                     39              data: data
                     40          });
                     41      },
                     42
                     43      render: function() {
                     44          return (
                     45              React.DOM.table(null,
                     46                  React.DOM.thead({onClick: this._sort},
                     47                      React.DOM.tr(null,
                     48                          this.props.headers.map(function(title, idx) {
                     49                              return React.DOM.th({key: idx}, title);
```

그림 3-4. 책 제목 정렬

UI 렌더링은 직접 처리할 필요가 없으므로 이것으로 모두 끝이다. 데이터를 제공하면 컴포넌트가 어떻게 표시되는지를 render() 메서드에서 이미 한 번 정의했으며, 데이터가 변경되면 UI도 변경된다.

컴포넌트를 개선하는 방법

여기서 알아본 정렬은 아주 간단하지만 리액트의 개념을 설명하기에는 충분했다. 물론 원한다면 내용을 분석해서 값이 숫자인지 여부를 확인하거나 단위를 생략 또는 추가하고 정렬하는 등의 기능을 추가할 수 있다.

정렬 UI 표시

이제 테이블을 깔끔하게 정렬했지만 어떤 열을 기준으로 정렬했는지 보여주는 표시가 없다. 기준 열에 화살표를 표시하도록 UI를 업데이트하고 내림차순 정렬까지 구현해보자.

새로운 상태를 추적하려면 새로운 프로퍼티 두 개가 필요하다.

```
this.state.sortby
```
정렬 기준 열의 인덱스

```
this.state.descending
```
내림차순 정렬인지 여부를 나타내는 부울

```
    getInitialState: function() {
      return {
        data: this.props.initialData,
        sortby: null,
        descending: false,
      };
    },
```

_sort() 함수에서는 정렬할 방향을 알아내야 한다. 새로운 열의 인덱스가 현재 정렬 기준 열과 다르며 현재 방향이 이미 내림차순이 아닌 경우 기본값은 오름차순이다.

```
  var descending = this.state.sortby === column && !this.state.descending;
```

정렬 콜백에도 약간 수정이 필요하다.

```
  data.sort(function(a, b) {
    return descending
      ? (a[column] < b[column] ? 1 : -1)
      : (a[column] > b[column] ? 1 : -1);
  });
```

그리고 마지막으로 새로운 상태를 설정해야 한다.

```
  this.setState({
    data: data,
```

```
    sortby: column,
    descending: descending,
});
```

이제 정렬 방향을 표시하도록 render() 함수를 업데이트해야 한다. 여기서는 간단하게 현재 정렬 기준 열의 제목에 화살표를 추가한다.

```
this.props.headers.map(function(title, idx) {
    if (this.state.sortby === idx) {
        title += this.state.descending ? ' \u2191' : ' \u2193'
    }
    return React.DOM.th({key: idx}, title);
}, this)
```

이제 정렬 기능이 모두 완성됐다. 정렬 기준 열을 선택할 수 있으며, 한 번 클릭하면 오름차순으로, 다시 클릭하면 내림차순으로 정렬하고, UI에 정렬 방향이 표시된다(그림 3-5).

Book	Author ↑	Language	Published	Sales
The Hobbit	J. R. R. Tolkien	English	1937	100 million
The Lord of the Rings	J. R. R. Tolkien	English	1954-1955	150 million
Harry Potter and the Philosopher's Stone	J. K. Rowling	English	1997	107 million
She: A History of Adventure	H. Rider Haggard	English	1887	100 million
Dream of the Red Chamber	Cao Xueqin	Chinese	1754-1791	100 million
Le Petit Prince (The Little Prince)	Antoine de Saint-Exupéry	French	1943	140 million
And Then There Were None	Agatha Christie	English	1939	100 million

```
Q   Elements Network Sources Timeline Profiles Resources Audits Console React
S...  C...  S...    table-sortby.html ×
 file://                34      },
   Users/sto            35
     react/b            36      _sort: function(e) {
       table-s          37        var column = e.target.cellIndex;
       table.cs         38        var data = this.state.data.slice();
                        39        var descending = this.state.sortby === column && !this.state.descending;
                        40        data.sort(function(a, b) {
                        41          return descending
                        42            ? a[column] < b[column]
                        43            : a[column] > b[column]);
                        44        });
                        45        this.setState({
                        46          data: data,
                        47          sortby: column,
                        48          descending: descending
                        49        });
                        50      },
                        51
```

그림 3-5. 오름차순/내림차순 정렬

데이터 편집

Excel 컴포넌트에 다음으로 추가할 기능은 사용자가 테이블의 데이터를 편집할 수 있게 하는
것이다. 한 가지 해결 방법은 다음과 같다.

1. 사용자가 편집할 셀을 더블클릭한다. Excel은 어떤 셀이 선택됐는지 알아낸 후 셀의 내용을 원래 텍스트에서
   내용이 미리 입력된 입력 필드로 바꾼다(그림 3-6).

2. 사용자가 내용을 편집한다(그림 3-7).

3. 사용자가 Enter 키를 누른다. 입력 필드가 사라지고 테이블이 새로운 텍스트로 업데이트된다(그림 3-8).

Book	Author	Language	Published	Sales
The Lord of the Rings	J. R. R. Tolkien	English	1954-1955	150 million

그림 3-6. 테이블 셀을 더블클릭하면 입력 필드로 바뀐다.

Book	Author	Language	Published	Sales
The Lord of the Rings	J. R. R. Tolkien	English	1954-1955	200 million
Le Petit Prince (The Little Prince)	Antoine de Saint-Exupéry	French	1943	140 million

그림 3-7. 내용을 편집한다.

Book	Author	Language	Published	Sales
The Lord of the Rings	J. R. R. Tolkien	English	1954-1955	200 million
Le Petit Prince (The Little Prince)	Antoine de Saint-Exupéry	French	1943	140 million

그림 3-8. Enter 키를 누르면 내용이 업데이트된다.

편집 가능한 셀

먼저 간단한 이벤트 처리기를 설정해야 한다. 사용자가 더블클릭하면 컴포넌트는 선택된
셀을 "기억"한다.

```
React.DOM.tbody({onDoubleClick: this._showEditor}, ....)
```

W3C의 ondblclick이 아니라 좀 더 알아보기 쉬운 onDoubleClick이 사용됐다.

_showEditor는 다음과 같다.

```
_showEditor: function(e) {
  this.setState({edit: {
    row: parseInt(e.target.dataset.row, 10),
    cell: e.target.cellIndex,
  }});
},
```

무슨 일이 일어난 걸까?

- 함수가 this.state의 edit 프로퍼티를 설정한다. 이 프로퍼티는 셀을 편집하지 않는 동안은 **null**이지만 편집하는 동안은 편집하는 셀의 행 인덱스와 셀 인덱스를 포함하는, row 프로퍼티와 cell 프로퍼티를 가진 객체로 변한다. 즉, 첫 번째 셀을 더블클릭하는 경우 this.state.edit는 {row: 0, cell: 0} 값을 가진다.

- 셀 인덱스를 알아내기 위해 이전과 동일한 e.target.cellIndex를 이용한다. 여기서 e.target은 더블클릭한 <td>에 해당한다.

- DOM에서는 rowIndex가 제공되지 않으므로 data- 속성을 통해 직접 필요한 정보를 얻어야 한다. 각 셀은 행인덱스를 포함하는 data-row 속성을 가지며, 이를 parseInt()로 처리하면 인덱스를 얻을 수 있다.

마지막으로 몇 가지 확인하고 준비할 사항이 있다. 첫째, edit 프로퍼티는 아직 준비되지 않았으므로 getInitialState() 메서드에서 다음과 같이 초기화해야 한다.

```
getInitialState: function() {
  return {
    data: this.props.initialData,
    sortby: null,
    descending: false,
    edit: null, // {row: index, cell: index}
  };
},
```

data-row 프로퍼티는 행 인덱스를 추적하는 데 필요하다. 전체 tbody()는 다음과 같이 구성돼 있다.

```
React.DOM.tbody({onDoubleClick: this._showEditor},
    this.state.data.map(function(row, rowidx) {
        return (
            React.DOM.tr({key: rowidx},
                row.map(function(cell, idx) {
                    var content = cell;

                    // 할 일 - idx`와 `rowidx`가 편집 중인 항목과 일치할 경우
                    // `content`를 입력으로 바꾼다.
                    // 그렇지 않으면 텍스트 내용을 그대로 표시한다.

                    return React.DOM.td({
                        key: idx,
                        'data-row': rowidx
                    }, content);
                }, this)
            )
        );
    }, this)
)
```

이제 마지막으로 "할 일"에 나오는 일을 해야 한다. 먼저 필요할 때 입력 필드를 만들어보자. setState() 호출이 edit 프로퍼티를 설정하므로 전체 render() 함수가 다시 호출된다. 리액트는 테이블을 다시 렌더링하며 더블클릭한 테이블 셀을 업데이트할 기회를 준다.

입력 필드 셀

이제 "할 일" 주석을 대체하는 코드를 살펴보자. 첫째, 편집 상태를 기억한다.

```
var edit = this.state.edit;
```

edit가 설정됐는지, 그리고 현재 셀이 편집 중인 셀인지 확인한다.

```
if (edit && edit.row === rowidx && edit.cell === idx) {
  // ...
}
```

대상 셀이 맞는 경우 셀의 내용이 포함된 입력 필드와 폼을 만든다.

```
content = React.DOM.form({onSubmit: this._save},
  React.DOM.input({
    type: 'text',
    defaultValue: content,
  })
);
```

여기서 볼 수 있듯이, 이것은 셀의 원래 내용으로 미리 채워진 입력 필드를 포함하는 단일 폼이다. 제출한 폼은 비공개 _save() 메서드에서 포착된다.

저장

퍼즐의 마지막 조각은 사용자가 입력을 마치고 Enter 키를 눌러 폼을 제출했을 때 변경된 내용을 저장하는 것이다.

```
_save: function(e) {
  e.preventDefault();
  // ... 저장한다.
},
```

페이지가 다시 로드되지 않게 기본 동작을 차단한 후 입력 필드에 대한 참조를 얻어야 한다.

```
var input = e.target.firstChild;
```

this.state를 직접 조작하지 않도록 데이터를 복제한다.

```
var data = this.state.data.slice();
```

state의 edit 프로퍼티에 저장된 셀과 행 인덱스를 이용해 데이터 조각을 새로운 값으로 업데이트한다.

```
data[this.state.edit.row][this.state.edit.cell] = input.value;
```

마지막으로 상태를 설정해 UI를 다시 렌더링하게 한다.

```
this.setState({
    edit: null, // 편집 완료
    data: data,
});
```

가상 DOM의 차이점 비교와 결론

이것으로 편집 기능을 모두 완료했는데, 필요한 코드의 양은 그리 많지 않았다. 코드에서는 다음과 같은 일을 했다.

- 편집할 셀을 this.state.edit를 통해 추적한다.
- 테이블을 표시할 때 행과 셀 인덱스가 사용자가 더블클릭한 셀과 일치할 경우 입력 필드를 렌더링한다.
- 입력 필드에서 얻은 새로운 값으로 데이터 배열을 업데이트한다.

새로운 데이터로 setState()를 호출하면 리액트는 즉시 컴포넌트의 render() 메서드를 호출해 UI 업데이트를 수행한다. 셀 하나의 변경된 내용 때문에 전체 테이블을 렌더링하는 것은 비효율적으로 보일 수 있는데, 실제로 리액트는 셀 하나만 업데이트한다.

브라우저의 개발 도구를 열어보면 애플리케이션을 이용하는 동안 DOM 트리의 어떤 부분이 업데이트되는지 볼 수 있다. 그림 3-9에서 개발 도구는 "반지의 제왕(The Lord of the Rings)"의 언어를 English에서 Engrish로 변경할 때 수행되는 DOM 변경 사항을 강조해 보여준다.

내부적으로 리액트는 render() 메서드를 실행하고 원하는 DOM 결과를 나타내는 경량형 트리를 생성한다. 이를 가상 DOM 트리라고 한다. 예를 들어, setState()가 호출된 후 render() 메서드가 다시 호출되면 리액트는 이전 가상 트리와 이후 가상 트리의 차이를 비교한다. 그리고 이 결과를 바탕으로 변경 내용을 브라우저 DOM에 적용하는 데 필요한 최소한의 DOM 작업(예: appendChild(), textContent 등)을 결정한다.

Book	Author	Language	Published	Sales
The Lord of the Rings	J. R. R. Tolkien	Engrish	1954-1955	150 million
Le Petit Prince (The Little Prince)	Antoine de Saint-Exupéry	French	1943	140 million
Harry Potter and the Philosopher's Stone	J. K. Rowling	English	1997	107 million
And Then There Were None	Agatha Christie	English	1939	100 million
Dream of the Red Chamber	Cao Xueqin	Chinese	1754-1791	100 million
The Hobbit	J. R. R. Tolkien	English	1937	100 million
She: A History of Adventure	H. Rider Haggard	English	1887	100 million

```
Elements  Network  Sources  Timeline  Profiles  Resources  Audits  Console  React
<!DOCTYPE html>
<html>
▶ <head>...</head>
▼ <body>
  ▼ <div id="app">
    ▼ <table data-reactid=".0">
      ▶ <thead data-reactid=".0.0">...</thead>
      ▼ <tbody data-reactid=".0.1">
        ▼ <tr data-reactid=".0.1.$0">
            <td data-row="0" data-reactid=".0.1.$0.$0">The Lord of the Rings</td>
            <td data-row="0" data-reactid=".0.1.$0.$1">J. R. R. Tolkien</td>
            <td data-row="0" data-reactid=".0.1.$0.$2">English</td>
            <td data-row="0" data-reactid=".0.1.$0.$3">1954-1955</td>
            <td data-row="0" data-reactid=".0.1.$0.$4">150 million</td>
          </tr>
        ▶ <tr data-reactid=".0.1.$1">...</tr>
        ▶ <tr data-reactid=".0.1.$2">...</tr>
        ▶ <tr data-reactid=".0.1.$3">...</tr>
```

그림 3-9. DOM의 변경 사항을 강조 표시

그림 3-9를 보면 셀의 한 부분만 변경하면 되며 전체 테이블을 다시 렌더링할 필요는 없다. DOM 작업은 아주 느리며(순수 자바스크립트 작업이나 함수 호출 등과 비교해) 다기능 웹 애플리케이션의 렌더링 성능에서 병목 현상의 주범으로 자주 지목된다. 이 때문에 리액트는 최소한의 변경 사항을 계산하고 DOM 작업을 일괄 처리함으로써 DOM을 가볍게 처리한다.

간단히 말해 리액트는 다음과 같은 방법으로 UI 업데이트와 성능을 책임진다.

- DOM을 가볍게 처리한다.
- 이벤트 위임을 이용해 사용자 상호작용을 처리한다.

검색

다음으로 사용자가 테이블의 내용을 필터링할 수 있도록 Excel 컴포넌트에 검색 기능을
추가해보자. 작업 계획은 다음과 같다.

- 새로운 기능을 켜고 끌 수 있는 버튼을 추가한다(그림 3-10).

- 검색이 켜진 경우 해당하는 열에 대해 검색을 수행하는 입력 필드를 포함하는 행 하나를 추가한다(그림 3-11).

- 사용자가 입력 필드에 입력하는 동안 state.data의 배열을 필터링해 일치하는 내용만 표시하게 한다(그림
  3-12).

```
search

        Book                          Author                  Langu

The Lord of the Rings          J. R. R. Tolkien              English

Le Petit Prince (The Little Prince)   Antoine de Saint-Exupéry  French
```

```
  Elements  Network  Sources  Timeline  Profiles  Resources  Audits  Console  React

    render: function() {
      return (
        React.DOM.div(null,
          this._renderToolbar(),
          this._renderTable()
        )
      );
    },

    _renderToolbar: function() {
      return React.DOM.button(
        {
          onClick: this._toggleSearch,
          className: 'toolbar'
        },
        'search'
      );
    },

    _renderSearch: function() {
      if (!this.state.search) {
        return null;
      }
      return (
        React.DOM.tr({onChange: this._search},
          this.props.headers.map(function(_ignore, idx) {
            return React.DOM.td({key: idx},
              React.DOM.input({
                type: 'text',
                'data-idx': idx,
              })
            );
          })
        )
      );
    },

    _renderTable: function() {
      var self = this;
```

그림 3-10. Search 버튼

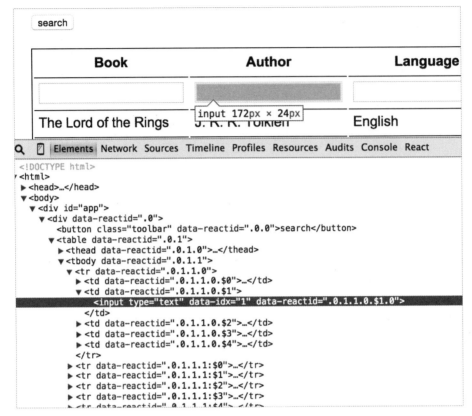

그림 3-11. 검색/필터 입력 필드를 포함하는 행

Book	Author	Language	Published	Sales
	J.			
The Lord of the Rings	J. R. R. Tolkien	English	1954-1955	150 million
Harry Potter and the Philosopher's Stone	J. K. Rowling	English	1997	107 million
The Hobbit	J. R. R. Tolkien	English	1937	100 million

그림 3-12. 검색 결과

상태와 UI

가장 먼저 할 일은 검색 기능이 켜져 있는지 추적하기 위한 search 프로퍼티를 this.state 객체에 추가하는 것이다.

```
getInitialState: function() {
  return {
    data: this.props.initialData,
    sortby: null,
    descending: false,
    edit: null, // [행 인덱스, 셀 인덱스],
    search: false,
  };
},
```

다음은 UI를 업데이트할 차례다. 이후 관리하기 편리하도록 render() 함수를 작은 조각으로 분리해보자. 지금까지 render() 함수는 테이블을 렌더링하는 역할만 했다. 이 함수의 이름을 _renderTable()로 바꾼다. 검색 버튼은 툴바에 넣어야 하므로(나중에 "내보내기" 기능을 추가함) _renderToolbar() 함수에서 렌더링해야 한다.

결과는 다음과 같다.

```
render: function() {
  return (
    React.DOM.div(null,
      this._renderToolbar(),
      this._renderTable()
    )
  );
},

_renderToolbar: function() {
  // 할 일
},

_renderTable: function() {
  // 앞서 작성한 `render()`와 동일한 함수
},
```

코드에서 볼 수 있듯이 새로운 render() 함수는 툴바와 테이블의 두 자식을 포함하는 컨테이너 역할의 div 하나를 반환한다. 테이블 렌더링에 대해서는 이미 알고 있는 그대로이며, 현재 툴바에는 버튼이 하나만 포함돼 있다.

```
_renderToolbar: function() {
  return React.DOM.button(
    {
      onClick: this._toggleSearch,
      className: 'toolbar',
    },
    'search'
  );
},
```

검색이 켜진 경우(this.state.search가 true인 경우) 입력 필드를 표시할 새로운 행 하나가 필요하다. _renderSearch() 함수에서 이를 처리하자.

```
_renderSearch: function() {
  if (!this.state.search) {
    return null;
  }
  return (
    React.DOM.tr({onChange: this._search},
      this.props.headers.map(function(_ignore, idx) {
        return React.DOM.td({key: idx},
          React.DOM.input({
            type: 'text',
            'data-idx': idx,
          })
        );
      })
    )
  );
},
```

여기서 볼 수 있듯이 검색 기능이 꺼져 있으면 이 함수는 아무것도 렌더링할 필요가 없으므로 null을 반환한다. 이 함수의 호출자가 검색 기능이 꺼져 있는지 확인한 후 아예 이 함수를 호출하지 않는 옵션도 있다. 그래도 위의 예제는 이미 많은 작업을 하는 _renderTable() 함수를 약간 더 간단하게 만드는 장점이 있다. _renderTable() 함수가 할 일은 다음과 같다.

전:

```
React.DOM.tbody({onDoubleClick: this._showEditor},
    this.state.data.map(function(row, rowidx) { // ...
```

후:

```
React.DOM.tbody({onDoubleClick: this._showEditor},
    this._renderSearch(),
    this.state.data.map(function(row, rowidx) { // ...
```

검색 입력은 주 데이터 루프(모든 테이블 행과 셀을 생성하는 루프)의 자식 노드가 된다. _renderSearch()가 null을 반환하면 리액트는 자식을 추가로 렌더링하지 않고 테이블로 진행한다.

현재는 이것이 UI 업데이트의 전부다. 다음으로 실제 검색을 수행하는 가장 중요한 부분을 살펴보자.

내용 필터링

이번에 구현할 검색 기능은 아주 간단하다. 데이터의 배열을 받고 이에 대해 Array.prototype.filter() 메서드를 호출한 후 검색 문자열과 일치하는 요소를 포함하는 필터링된 배열을 반환한다.

UI는 다시 렌더링을 위해 여전히 this.state.data를 이용하지만 this.state.data는 원래 데이터의 필터링된 버전이다.

데이터가 완전히 손실되지 않도록 검색하기 전에 데이터의 복사본을 만들어야 한다. 이렇게 해야 사용자가 원래의 테이블로 돌아가거나 검색 문자열을 변경해 다른 검색 결과를 얻을 수 있다. 이 복사본(실제로는 참조)의 이름을 _preSearchData라고 하자.

```
var Excel = React.createClass({
  // 작업..

  _preSearchData: null,

  // 추가 작업..
});
```

사용자가 검색 버튼을 클릭하면 _toggleSearch() 함수가 호출된다. 이 함수의 역할은 검색 기능을 토글하는 것인데, 이를 위해 다음과 같은 작업을 한다.

- this.state.search를 true 또는 false로 적절하게 설정한다.
- 검색 기능을 켤 때는 기존 데이터를 기억한다.
- 검색 기능을 끌 때는 기존 데이터로 되돌린다.

이 함수의 코드는 다음과 같다.

```
_toggleSearch: function() {
  if (this.state.search) {
    this.setState({
      data: this._preSearchData,
      search: false,
    });
    this._preSearchData = null;
  } else {
    this._preSearchData = this.state.data;
    this.setState({
      search: true,
    });
  }
},
```

마지막으로 검색 행에서 변경 사항이 있을 때, 즉 사용자가 입력 필드에 검색어를 입력할
때마다 호출되는 _search() 함수를 구현해야 한다. 함수의 코드는 다음과 같다. 코드의
의미를 살펴보자.

```
_search: function(e) {
  var needle = e.target.value.toLowerCase();
  if (!needle) { // 검색 문자열이 삭제됨
    this.setState({data: this._preSearchData});
    return;
  }
  var idx = e.target.dataset.idx; // 검색 대상 열
  var searchdata = this._preSearchData.filter(function(row) {
    return row[idx].toString().toLowerCase().indexOf(needle) > -1;
  });
  this.setState({data: searchdata});
},
```

검색 문자열은 변경 이벤트의 대상(입력 필드)에서 얻는다.

```
var needle = e.target.value.toLowerCase();
```

검색 문자열이 없는 경우(사용자가 문자열을 삭제한 경우) 함수는 저장해둔 원래 데이터를
가져오고 새로운 상태로 설정한다.

```
if (!needle) {
  this.setState({data: this._preSearchData});
  return;
}
```

검색 문자열이 있으면 원래 데이터를 필터링하고 필터링 결과를 데이터의 새로운 상태로
설정한다.

```
var idx = e.target.dataset.idx;
var searchdata = this._preSearchData.filter(function(row) {
  return row[idx].toString().toLowerCase().indexOf(needle) > -1;
```

```
  });
  this.setState({data: searchdata});
```

이것으로 검색 기능이 완성됐다. 이 기능을 구현하려면 다음과 같은 작업이 필요하다.

- 검색 UI 추가

- 새로운 UI를 요청에 따라 표시/숨기기

- 실제 "비즈니스 논리", 간단한 배열 filter() 호출

원래 테이블을 렌더링하는 부분은 전혀 변경할 필요가 없다. 언제나 그렇듯이, 우리는 데이터의 상태만 신경 쓰면 되며, 데이터의 상태가 변경될 때마다 다시 렌더링하는 작업(관련된 DOM 작업을 포함해)은 리액트가 알아서 처리한다.

검색을 개선하는 방법

아주 간단한 검색 기능을 구현하는 방법을 알아봤다. 이 기능을 더 개선하는 방법은 없을까?

한 가지 간단한 방법은 검색 버튼의 라벨을 토글하는 것이다. 예를 들어, 검색이 켜져 있는 경우 (this.state.search == true), "검색 완료"라고 표시할 수 있다.

구현하는 것을 고려할 수 있는 다른 기능으로 여러 입력 필드를 이용해 이미 필터링된 데이터를 다시 필터링하는 다중 검색이 있다. 언어 행에 "Eng"를 입력하고 다른 입력 필드에 다른 검색어를 입력할 수 있다면 이전 검색 결과를 대상으로 다시 검색하는 기능도 불가능할 이유가 없다. 이 기능은 어떻게 구현하면 좋을지 생각해보자.

빠른 재현

지금까지 알아본 것처럼 컴포넌트가 상태를 처리하면 리액트가 필요에 따라 렌더링과 재렌더링을 처리한다. 즉, 동일한 데이터(상태와 프로퍼티)를 제공할 경우 이 특정 데이터가 전이나 후에 어떻게 변경되는지에 관계없이 애플리케이션이 정확히 동일한 모양을 보여준다. 이를 아주 유용한 디버깅 기능으로 활용할 수 있다.

사용자가 앱을 이용하는 동안 버그를 발견하면 버튼 하나를 클릭해 별다른 설명을 입력할 필요 없이 버그를 보고하는 기능을 만들 수 있다. 버그 보고 기능이 버그가 발생한 시점의 this.state와 this.props의 복사본을 전송하면 이 정보를 이용해 당시 애플리케이션의 상태와 시각적 결과를 정확하게 재현할 수 있다.

리액트에 동일한 프로퍼티와 상태를 제공하면 앱을 동일하게 렌더링한다는 점을 활용하면 "실행 취소" 기능을 구현하기도 쉽다. 실제로 이전 상태로 되돌리는 방법으로 간단하게 "실행 취소"를 구현할 수 있다.

이 개념을 조금 더 확장해서 Excel 컴포넌트의 상태 변화를 순서대로 기록한 후 재생하는 재미 있는 기능을 구현해보자. 자신이 했던 작업 과정이 그대로 재현되는 것을 보면 흥미로울 것이다.

구현과 관련해서는, 언제 변경이 수행되는지는 상관없이 앱 상태 변화를 1초 간격으로 "재생"하도록 코드를 작성해보자. 이 기능을 구현하려면 _logSetState()라는 메서드를 새로 추가하고 모든 setState() 메서드 호출을 새로운 메서드로 대체하면 된다.

즉, 다음 메서드 호출을

```
this.setState(newSate);
```

다음과 같이 변경한다.

```
this._logSetState(newState);
```

_logSetState는 새로운 상태를 로깅한 후 이를 setState()로 전달하는 두 가지 일을 해야 한다. 다음 예제 구현에서는 상태의 깊은 복사본$^{deep\ copy}$을 만들고 이를 this._log에 추가한다.

```
var Excel = React.createClass({

  _log: [],

  _logSetState: function(newState) {
    // 이전 상태를 복사본에 저장한다.
    this._log.push(JSON.parse(JSON.stringify(
```

```
            this._log.length === 0 ? this.state : newState
        )));
        this.setState(newState);
    },
    // ....
});
```

이제 모든 상태 변화를 로깅했으므로 이를 재생하는 코드를 작성해보자. 재생을 트리거하기 위해 키보드 동작을 포착하고 _replay() 함수를 호출하는 간단한 이벤트 리스너를 추가한다.

```
componentDidMount: function() {
    document.onkeydown = function(e) {
        if (e.altKey && e.shiftKey && e.keyCode === 82) { // ALT+SHIFT+R(재생)
            this._replay();
        }
    }.bind(this);
},
```

마지막으로 _replay() 메서드를 추가한다. 이 메서드에서는 setInterval()을 이용해 1초당 한 번씩 로그에서 다음 객체를 읽고 setState()로 전달한다.

```
_replay: function() {
    if (this._log.length === 0) {
        console.warn('No state to replay yet');
        return;
    }
    var idx = -1;
    var interval = setInterval(function() {
        idx++;
        if (idx === this._log.length -1) { // 종료
            clearInterval(interval);
        }
        this.setState(this._log[idx]);
    }.bind(this), 1000);
},
```

재현 기능을 개선하는 방법

실행 취소/다시 실행 기능을 구현하려면 어떻게 해야 할까? 사용자가 ALT+Z 키보드 조합을 누르면 상태 로그에서 한 단계 후진하고 ALT+SHIFT+Z를 누르면 한 단계 전진할 수 있다.

다른 구현 방법

모든 setState() 호출을 변경하지 않고 재생/실행 취소 유형의 기능을 구현하는 다른 방법은 없을까? 2장에서 알아본 수명 주기 메서드를 적절히 이용하면 가능하다.

테이블 데이터 내려받기

정렬, 편집, 검색 등의 모든 작업을 거쳐 테이블의 데이터가 만족스러운 상태가 되면 나중에 다시 작업할 수 있게 결과를 내려받을 수 있게 만들면 좋을 것이다.

다행히 리액트에서 내려받기 기능을 구현하기는 아주 쉽다. 현재 this.state.data를 JSON이나 CSV 형식으로 변환하면 된다.

그림 3-13은 사용자가 "Export CSV"를 클릭해 *data.csv* 파일(브라우저 창 왼쪽 하단 참고)을 내려받은 후 마이크로소프트 엑셀에서 해당 파일을 연 모습을 보여준다.

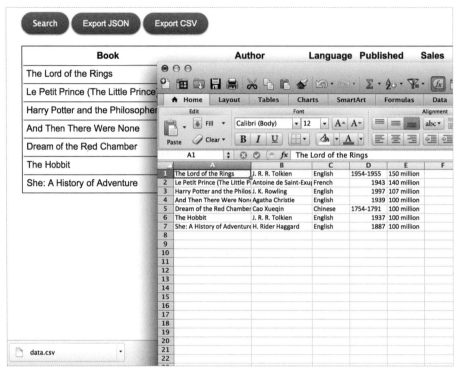

그림 3-13. 테이블 데이터를 CSV 형식을 거쳐 마이크로소프트 엑셀로 내보낸다.

가장 먼저 할 일은 툴바에 새 옵션을 추가하는 것이다. 이 예제에서는 <a> 링크로 파일 내려받기를 트리거하는 HTML5의 마법을 이용한다. 다음과 같이 약간의 CSS를 이용해 버튼으로 표시되는 새로운 링크를 만든다.

```
_renderToolbar: function() {
  return React.DOM.div({className: 'toolbar'},
    React.DOM.button({
      onClick: this._toggleSearch
    }, 'Search'),
    React.DOM.a({
      onClick: this._download.bind(this, 'json'),
      href: 'data.json'
    }, 'Export JSON'),
```

```
    React.DOM.a({
        onClick: this._download.bind(this, 'csv'),
        href: 'data.csv'
    }, 'Export CSV')
  );
},
```

다음은 _download() 함수를 작성할 차례다. JSON 형식으로 내보내는 작업은 비교적 간단하지만, CSV 형식으로 내보내는 작업은 약간 더 복잡하다. 근본적으로는 이 코드는 모든 행과 셀을 순회해 긴 문자열 하나를 생성하는 루프라고 할 수 있다. 그런 다음 window.URL을 통해 생성한 href BLOB과 download 속성을 이용해 다운로드를 시작한다.

```
_download: function(format, ev) {
    var contents = format === 'json'
        ? JSON.stringify(this.state.data)
        : this.state.data.reduce(function(result, row) {
            return result
                + row.reduce(function(rowresult, cell, idx) {
                    return rowresult
                        + '"'
                        + cell.replace(/"/g, '""')
                        + '"'
                        + (idx < row.length -1 ? ',' : '');
                }, '')
                + "\n";
        }, '');

    var URL = window.URL || window.webkitURL;
    var blob = new Blob([contents], {type: 'text/' + format});
    ev.target.href = URL.createObjectURL(blob);
    ev.target.download = 'data.' + format;
},
```

04

JSX

지금까지 이 책에서는 render() 함수 안에서 React.createElement()와 React.DOM.* 계열(예: React.DOM.span()) 호출을 이용해 사용자 인터페이스를 정의하는 방법을 배웠다. 이렇게 많은 메서드 호출을 이용할 때 한 가지 단점은 수많은 괄호와 중괄호의 짝을 제대로 맞추기가 힘들다는 점이다. JSX를 이용하면 좀 더 편리하게 작업할 수 있다.

JSX는 리액트와는 별개의 기술이며 사용 여부는 완전히 선택적이다. 여러분도 확인했듯이 앞의 세 장에서는 JSX를 전혀 사용하지 않았다. 즉, JSX를 전혀 사용하지 않기로 선택할 수도 있다. 그러나 일단 JSX를 사용해보면 다시 함수 호출 방식으로 돌아가고 싶지 않을 것이다.

 두문자어 JSX가 무엇을 나타내는지는 정확히 알 수 없지만 JavaScriptXML이나 JavaScript Syntax eXtension의 약자일 것이다. JSX 오픈소스 프로젝트의 공식 홈페이지는 *http://facebook. github.io/jsx/*다.

Hello JSX

1장에서 살펴본 "Hello World" 예제를 다시 살펴보자.

```
<script src="react/build/react.js"></script>
<script src="react/build/react-dom.js"></script>
<script>
    ReactDOM.render(
        React.DOM.h1(
            {id: "my-heading"},
            React.DOM.span(null,
                React.DOM.em(null, "Hell"),
                "o"
            ),
            " world!"
        ),
        document.getElementById('app')
    );
</script>
```

render() 함수 안에 여러 함수 호출이 포함돼 있는데, JSX를 이용하면 다음과 같이 훨씬 간단해진다.

```
ReactDOM.render(
    <h1 id="my-heading">
        <span><em>Hell</em>o</span> world!
    </h1>,
    document.getElementById('app')
);
```

이 구문은 이미 여러분도 알고 있는 HTML과 비슷하다. 한 가지 문제는 이것이 유효한 자바스크립트 구문이 아니기 때문에 이 상태로 브라우저에서 실행할 수는 없다는 점이다. 즉, 이 코드를 브라우저가 실행할 수 있는 순수 자바스크립트로 변환(트랜스파일)해야 한다.

JSX 트랜스파일

트랜스파일^{transpile}은 의미는 동일하지만 이전 브라우저가 이해할 수 있는 구문으로 소스코드를 변환하는 과정이다. 폴리필^{polyfill}을 이용하는 것과는 다르다.

폴리필의 예로는 ECMAScript5에 도입된 map()과 같은 메서드가 ECMAScript3을 지원하는 브라우저에서도 작동하도록 Array.prototype에 추가하는 것이 있다.

```
if (!Array.prototype.map) {
    Array.prototype.map = function() {
        // 메서드 구현
    };
}

// 사용 예
typeof [].map === 'function'; // true, 이제 `map()`을 사용할 수 있다.
```

폴리필은 순수 자바스크립트 영역을 위한 해결책으로서 기존 객체에 새로운 메서드를 추가하거나 새로운 객체(예: JSON)를 구현할 때 적합하다. 그러나 언어에 새로운 구문이 필요할 때는 폴리필로는 충분하지 않다. class 키워드를 지원하는 새로운 구문은

class 구문을 지원하지 않는 브라우저에서 구문 분석 오류를 일으키며 이를 폴리필로 해결하기는 불가능하다. 새로운 구문을 지원하려면 브라우저로 전달하기 전에 변환하는 컴파일(트랜스파일) 단계가 필요하다.

자바스크립트 트랜스파일은 ECMAScript6(ECMAScript2015라고도 함)의 새로운 기능을 사용하고 싶지만 브라우저에서 지원할 때까지 기다릴 수만은 없는 프로그래머들 사이에서 점차 일반적인 작업 과정으로 자리 잡고 있다. 예를 들어, 축소^{minification}나 ECMAScript6-to-5 트랜스파일과 같은 빌드 프로세스를 이미 구성한 경우 여기에 JSX 트랜스파일 단계를 추가하면 된다. 여기서는 아직 빌드 프로세스를 구성하지 않았다고 가정하고 경량의 클라이언트 측 빌드 프로세스를 구성하는 과정을 알아보자.

바벨

바벨^{Babel}(이전에는 6to5라고 했음)은 JSX 지원을 비롯한 최신 자바스크립트 기능을 지원하는 오픈소스 트랜스파일러이며, JSX를 이용하기 위한 필수 조건이다. 5장에서는 리액트 앱을 실제 사용자에게 전달할 수 있는 빌드 프로세스를 설정하는 방법을 배운다. 4장에서는 JSX에 초점을 맞추기 위해 클라이언트 측에서 트랜스파일을 수행해보자.

클라이언트 측 변환은 프로토타입, 교육, 참고용으로만 사용해야 하며, 성능 저하를 방지하기 위해 실제 애플리케이션에는 사용하지 않아야 한다.

브라우저 내(클라이언트 측) 변환을 수행하려면 *browser.js*라는 파일이 필요하다. 바벨은 버전 6 이후로는 이 파일을 제공하지 않지만 작동하는 복사본을 구할 수 있다.

```
$ mkdir ~/reactbook/babel
$ cd ~/reactbook/babel
$ curl https://cdnjs.cloudflare.com/ajax/libs/babel-core/5.8.34/browser.js >
browser.js
```

리액트 v0.14 이전에는 JSXTransformer 클라이언트 측 스크립트가 포함돼 있었다. 이전 버전에는 react-tools NPM 패키지가 명령줄 jsx 유틸리티를 설치했다. 현재 이들 항목은 바벨을 위해 더 이상 포함되지 않는다.

클라이언트 측

JSX가 작동하게 하려면 페이지에서 두 가지 작업을 해야 한다.

- JSX 트랜스파일을 처리하는 스크립트인 browser.js 포함

- 바벨이 작업할 부분을 알 수 있도록 JSX를 이용하는 script 태그에 마크업 추가

지금까지 이 책의 모든 예제는 다음과 같이 리액트 라이브러리를 포함했다.

```
<script src="react/build/react.js"></script>
<script src="react/build/react-dom.js"></script>
```

이제 다음과 같이 변환기를 추가해야 한다.

```
<script src="react/build/react.js"></script>
<script src="react/build/react-dom.js"></script>
<script src="babel/browser.js"></script>
```

두 번째 단계는 변환이 필요한 <script> 태그에 type 속성으로서 text/babel(브라우저에서는 지원되지 않음)을 추가하는 것이다.

전:

```
<script>
    ReactDOM.render(/*...*/);
</script>
```

후:

```
<script type="text/babel">
    ReactDOM.render(/*...*/);
</script>
```

페이지를 로드하면 *browser.js*가 작업을 시작하고 모든 text/jsx 스크립트를 찾은 다음 그 내용을 브라우저가 사용할 수 있도록 변환한다. 그림 4-1은 JSX 구문이 포함된 스크립트를 그냥 실행하려고 할 때 크롬에서 어떻게 반응하는지 보여준다. 예상대로 구문 오류가 발생한다. 그림 4-2를 보면 *browser.js*가 type="text/babel" 마크업이 있는 스크립트 블록을 트랜스파일한 뒤에는 페이지가 정상적으로 작동하는 것을 알 수 있다.

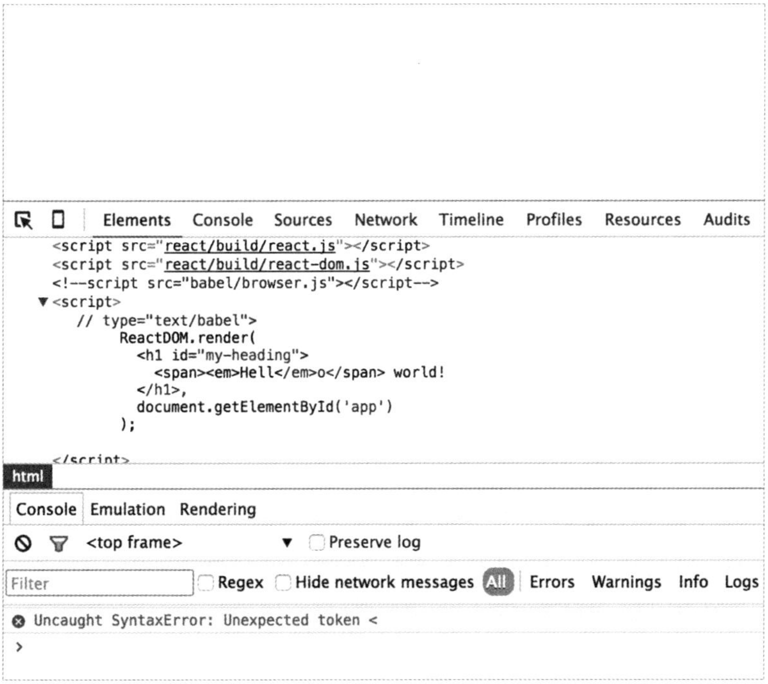

그림 4-1. 브라우저는 JSX 구문을 이해할 수 없다.

그림 4-2. 바벨의 브라우저 스크립트와 text/babel 콘텐츠 형식

JSX 변환

JSX 변환에 대한 여러 가지 실험을 해보려면 *https://babel.js.io/repl/*에서 라이브 에디터를 이용할 수 있다(그림 4-3).

그림 4-4에 나오는 것처럼 JSX 변환은 가볍고 간단하며, 우리가 모두 익숙한 동일한 함수 구문을 이용해 "Hello World"의 JSX 소스를 일련의 React.createElement() 호출로 변환한다. 단순한 자바스크립트이므로 읽고 이해하기 쉽다.

그림 4-3. 라이브 JSX 변환 툴

그림 4-4. "Hello World" 변환

HTML-to-JSX 변환기(*https://facebook.github.io/react/html-jsx.html*)라는 다른 온라인 툴도 있는데 JSX를 공부하거나 기존 앱의 마크업을 변환하려는 경우 유용하다(그림 4-5).

그림 4-5. HTML-to-JSX 변환기

JSX에서 자바스크립트 사용

UI를 제작할 때는 변수, 조건문, 루프 등이 필요할 때가 많다. JSX는 다른 템플릿 구문을 사용하지 않고 마크업 안에 자바스크립트를 작성할 수 있게 해준다. 간단하게 중괄호 안에 자바스크립트 코드를 넣으면 된다.

다음은 3장에서 나온 Excel 예제 중 하나에서 JSX를 이용해 함수 구문을 모두 대체한 것이다.

```
var Excel = React.createClass({

    /* 코드 조각... */

    render: function() {
        var state = this.state;
        return (
            <table>
                <thead onClick={this._sort}>
                    <tr>
                        {this.props.headers.map(function(title, idx) {
                            if (state.sortby === idx) {
                                title += state.descending ? ' \u2191' : ' \u2193';
                            }
                            return <th key={idx}>{title}</th>;
```

```
                    })}
                </tr>
            </thead>
            <tbody>
                {state.data.map(function(row, idx) {
                    return (
                        <tr key={idx}>
                            {row.map(function(cell, idx) {
                                return <td key={idx}>{cell}</td>;
                            })}
                        </tr>
                    );
                })}
            </tbody>
        </table>
    );
  }
});
```

여기서 볼 수 있듯이 변수를 사용하려면 중괄호 안에 넣으면 된다.

```
<th key={idx}>{title}</th>
```

루프의 경우 다음과 같이 map() 호출을 중괄호 안에 넣을 수 있다.

```
<tr key={idx}>
    {row.map(function(cell, idx) {
        return <td key={idx}>{cell}</td>;
    })}
</tr>
```

필요하다면 JSX 안에 자바스크립트를 넣고 그 안에 JSX를 넣는 중첩을 얼마든지 반복할 수 있다. JSX는 친숙한 HTML 구문을 이용하는 자바스크립트(가벼운 변환을 거친 후)라고 생각하면 된다. 자바스크립트에 익숙하지 않은 팀원이라도 HTML을 알고 있다면 JSX를 작성할 수 있으며, 그런 다음 라이브 데이터로 UI를 제작하는 데 필요한 변수와 루프를 사용할 수 있을 정도로 자바스크립트를 배우면 된다.

앞서 살펴본 Excel 예제를 보면 map() 콜백 안에 if 조건문이 있다. 중첩된 조건문이지만 코드 서식을 약간 손보면 알아보기 쉬운 삼항 연산자로 바꿀 수 있다.

```
return (
  <th key={idx}>{
    state.sortby === idx
      ? state.descending
        ? title + ' \u2191'
        : title + ' \u2193'
      : title
  }</th>
);
```

마지막 예제에서 반복되는 title을 다음과 같이 제거할 수 있다.

```
return (
  <th key={idx}>{title}{
    state.sortby === idx
      ? state.descending
        ? ' \u2191'
        : ' \u2193'
      : null
  }</th>
);
```

그런데 이 경우 예제의 정렬 함수를 수정해야 한다. 정렬 함수에서는 사용자가 <th>를 클릭한다고 가정하며 cellIndex를 이용해 어떤 <th>인지 알아낸다. 그런데 JSX에 인접한 {} 블록이 있으면 두 항목을 분리하는 <span> 태그가 생긴다. 즉, <th>{1}{2}</th>는 <th><span>1</span><span>2</span></th>으로 변환된 후 DOM이 된다.

JSX의 공백

JSX의 공백은 HTML과 비슷하지만 완전히 동일하지는 않다. 예를 들어, 다음 코드는

```
<h1>
  {1} plus {2} is {3}
</h1>
```

다음과 같이 된다.

```
<h1>
    <span>1</span><span> plus </span><span>2</span><span> is </span><span>3</span>
span>
</h1>
```

렌더링된 결과는 "1 plus 2 is 3"이다. 즉, HTML과 동일하게 연속된 여러 공백이 하나가 된다.

그런데 다음 예제의 경우

```
<h1>
    {1}
    plus
    {2}
    is
    {3}
</h1>
```

다음과 같이 된다.

```
<h1>
<span>1</span><span>plus</span><span>2</span><span>is</span><span>3</span>
</h1>
```

즉, 모든 공백이 생략되며 렌더링된 결과는 "1plus2is3"이다.

{' '}를 이용해 공백을 추가하거나(이 경우 <span> 태그가 더 추가됨) 리터럴 문자열을 식으로 만들고 여기에 공백을 추가해도 된다. 즉, 다음의 두 가지 예가 모두 가능하다.

```
<h1>
    {/* 공백 식 */}
    {1}
    {' '}plus{' '}
    {2}
    {' '}is{' '}
```

```
    {3}
</h1>

<h1>
    {/* 문자열 식에 공백을 추가 */}
    {1}
    {' plus '}
    {2}
    {' is '}
    {3}
</h1>
```

JSX의 주석

앞의 예제에는 JSX 마크업 안에 공백을 넣는 새로운 개념이 사용됐다.

{}로 감싼 식은 단순히 자바스크립트이므로 /* comment */ 형식으로 손쉽게 다중 행 주석을 추가할 수 있다. // comment 형식으로 단일 행 주석을 추가할 수도 있지만 식의 닫는 중괄호 }가 주석의 일부로 취급되지 않도록 별도의 행에 배치해야 한다.

```
<h1>
    {/* 다중 행 주석 */}
    {/*
        다중
        행
        주석
    */}
    {
        // 단일 행
    }
    Hello
</h1>
```

}가 주석으로 처리되므로 {// comment} 형식은 작동하지 않는다. 따라서 단일 행 주석을 사용하는 장점은 별로 없으므로 모든 주석을 다중 행으로 작성해 일관성을 유지하는 것이 좋다.

HTML 엔터티

다음과 같이 JSX에서 HTML 엔터티를 사용할 수 있다.

```
<h2>
    More info &raquo;
</h2>
```

이 예제는 그림 4-6과 같은 "오른쪽 각 따옴표"를 표시한다.

More info »

그림 4-6. JSX에서 HTML 엔터티 사용

그런데 엔터티를 식의 일부로 사용하면 이중 인코딩 문제가 발생한다. 다음 예제를 보면

```
<h2>
    {"More info &raquo;"}
</h2>
```

HTML이 인코딩돼서 그림 4-7과 같은 결과를 얻는다.

More info »

그림 4-7. 이중 인코딩된 HTML 엔터티

이중 인코딩을 방지하려면 유니코드 버전의 HTML 엔터티(이 경우 \u00bb)를 이용하면 된다.
자세한 내용은 *http://dev.w3.org/html5/html-author/charref*를 참고한다.

```
<h2>
    {"More info \u00bb"}
</h2>
```

편의를 위해 모듈 최상부에 공용 공백 문자와 함께 상수로 정의하는 것도 좋다. 예를 들면 다음과 같다.

```
const RAQUO = ' \u00bb';
```

그리고 다음과 같이 필요할 때 편리하게 상수를 사용할 수 있다.

```
<h2>
  {"More info" + RAQUO}
</h2>

<h2>
  {"More info"}{RAQUO}
</h2>
```

 var 대신 const를 사용한 것을 볼 수 있는데, 이것이 최신 자바스크립트의 모든 것을 제공하는 바벨의 강력한 장점을 활용한 것이다. 자세한 내용은 5장에서 설명한다.

XSS 방지

HTML 엔터티를 곧바로 사용하지 않는 이유는 XSS 공격을 방지하기 위해서다.

리액트는 XSS 공격을 방지하기 위해 모든 문자열을 이스케이프한다. 즉, 사용자가 악의적인 문자열이 들어있는 입력을 제공해도 리액트가 문자열을 이스케이프해 공격을 무력화한다. 예를 들어, 다음과 같이 악의적인 문자열이 있다고 가정해보자.

```
var firstname = 'John<scr'+'ipt src="http://evil/co.js"></scr'+'ipt>';
```

다음과 같이 이 문자열을 DOM으로 기록하는 경우가 있을 수 있다.

```
document.write(firstname);
```

이 경우 <script> 태그가 악성 자바스크립트를 로드하고 여러분의 앱과 사용자에게 모두 피해를 줄 수 있다.

다행히 리액트는 기본적으로 이러한 공격으로부터 방어하는 능력을 가지고 있다. 즉, 다음과 같이 한다고 가정해보자.

```
React.render(
  <h2>
    Hello {firstname}!
  </h2>,
  document.getElementById('app')
);
```

이 경우 리액트는 firstname의 내용을 이스케이프한다(그림 4-8).

Hello John\<script src="http://evil/co.js"\>\</script\>!

그림 4-8. 문자열 이스케이프

스프레드 속성

JSX는 ECMAScript6에서 스프레드 연산자^spread operator라는 유용한 개념을 가져와 프로퍼티를 정의하는 편리한 방법으로 활용하고 있다.

다음과 같은 속성의 컬렉션을 \<a\> 컴포넌트로 전달하려 한다고 가정해보자.

```
var attr = {
  href: 'http://example.org',
  target: '_blank',
};
```

물론 다음과 같이 하는 것이 가장 기본적이다.

```
return (
  <a
    href={attr.href}
    target={attr.target}>
```

```
      Hello
    </a>
  );
```

그러나 이 방법은 너무 복잡해 보인다. 스프레드 속성을 이용하면 다음과 같이 한 행으로 작성할 수 있다.

```
  return <a {...attr}>Hello</a>;
```

이 예에서는 (아마도 조건에 따라) 사전에 정의하려는 속성의 객체가 있다. 물론 이 방식도 유용하지만 이보다는 속성의 객체를 외부, 특히 부모 컴포넌트로부터 받는 경우가 더 일반적이다. 이 경우 어떻게 적용되는지 직접 확인해보자.

부모 대 자식 스프레드 속성

내부적으로 보통의 `<a>`를 이용하는 FancyLink 컴포넌트를 작성한다고 가정해보자. 컴포넌트가 `<a>`의 모든 속성(href, style, target, 등)과 함께 몇 가지 다른 속성(예: size)을 받게 하려고 한다고 가정해보자. 즉, 사용자가 컴포넌트를 다음과 같이 사용할 수 있게 하려고 한다.

```
  <FancyLink
    href="http://example.org"
    style={ {color: "red"} }
    target="_blank"
    size="medium">
    Hello
  </FancyLink>
```

render() 함수가 `<a>`의 모든 프로퍼티를 다시 정의하지 않고 스프레드 속성을 활용하려면 어떻게 해야 할까?

```
var FancyLink = React.createClass({
  render: function() {
    switch(this.props.size) {
      // `size` 프로퍼티를 이용해 필요한 작업을 한다.
    }

    return <a {...this.props}>{this.props.children}</a>;
  }
});
```

 this.props.children을 어떻게 사용했는지 잘 봐두자. this.props.children은 수에 제한 없이 자식을 컴포넌트로 전달하고 인터페이스를 구축하면서 자식에 접근할 수 있는 쉽고 편리한 방법이다.

앞의 코드 예제에서는 size 프로퍼티의 값을 기준으로 필요한 작업을 한 후 size 프로퍼티를 포함한 모든 프로퍼티를 <a>로 전달한다. React.DOM.a에는 size라는 개념이 없으므로 내부적으로 조용히 이를 무시하고 나머지 다른 프로퍼티를 사용한다.

다음과 비슷한 방법으로 불필요한 프로퍼티를 전달하지 않는 것도 가능하다.

```
var FancyLink = React.createClass({
  render: function() {

    switch(this.props.size) {
      // `size` 프로퍼티를 이용해 필요한 작업을 한다.
    }

    var attribs = Object.assign({}, this.props); // 얕은 복사본
    delete attribs.size;

    return <a {...attribs}>{this.props.children}</a>;
  }
});
```

ECMAScript7에서 제안된 구문(바벨을 통해 손쉽게 사용할 수 있음)을 사용하면 다음과 같이 복사
본을 만들 필요 없이 더 수월하게 작업할 수 있다.

```
var FancyLink = React.createClass({
    render: function() {

        var {size, ...attribs} = this.props;

        switch (size) {
            // `size` 프로퍼티를 이용해 필요한 작업을 한다.
        }

        return <a {...attribs}>{this.props.children}</a>;
    }
});
```

JSX에서 여러 노드 반환

render() 함수에서는 항상 단일 노드를 반환해야 한다. 두 개의 노드를 반환하려고 하면
오류가 발생한다.

```
// 구문 오류:
// 인접한 JSX 요소를 바깥쪽 태그로 감싸야 한다.

var Example = React.createClass({
    render: function() {
        return (
            <span>
                Hello
            </span>
            <span>
                World
            </span>
        );
    }
});
```

해결 방법은 간단하다. 모든 노드를 다른 컴포넌트(예: ⟨div⟩)로 감싸면 된다.

```
var Example = React.createClass({
  render: function() {
    return (
      <div>
        <span>
          Hello
        </span>
        <span>
          World
        </span>
      </div>
    );
  }
});
```

render() 함수에서 노드의 배열을 반환할 수는 없지만 배열의 노드가 올바른 key 속성을 가지고 있다면 배열을 조합하는 데 사용할 수 있다.

```
var Example = React.createClass({
  render: function() {

    var greeting = [
      <span key="greet">Hello</span>,
      ' ',
      <span key="world">World</span>,
      '!'
    ];

    return (
      <div>
        {greeting}
      </div>
    );
  }
});
```

공백이나 다른 문자열을 배열에 넣을 수도 있으며, 이럴 때는 key가 필요 없다.

어떻게 보면 부모로부터 수에 제한 없이 자식을 전달받고 이를 render() 함수로 전파하는 것과 비슷하다.

```
var Example = React.createClass({
  render: function() {
    console.log(this.props.children.length); // 4
    return (
      <div>
        {this.props.children}
      </div>
    );
  }
});


React.render(
  <Example>
    <span key="greet">Hello</span>
    {' '}
    <span key="world">World</span>
    !
  </Example>,
  document.getElementById('app')
);
```

JSX와 HTML의 차이점

JSX는 HTML과 아주 비슷해 보이지만 동적 값, 루프, 조건문을 {} 안에 넣는 방법으로 아주 손쉽게 포함할 수 있다는 장점이 있다. JSX를 처음 이용하기 시작할 때는 HTML-to-JSX 툴을 사용해도 되지만 가급적 직접 JSX를 입력하는 방법을 빨리 익히는 편이 좋다. 여기서는 JSX를 배우기 시작할 때 알아둬야 할 HTML과 JSX의 몇 가지 차이점을 미리 확인한다.

몇 가지 차이점은 1장에서 먼저 설명했었는데 간단하게 다시 확인해보자.

className과 htmlFor

class와 for 속성은 ECMAScript의 예약어이므로 className과 htmlFor를 대신 사용해야 한다.

```
// 불가능!
var em = <em class="important" />;
var label = <label for="thatInput" />;

// 가능
var em = <em className="important" />;
var label = <label htmlFor="thatInput" />;
```

style이 객체로 취급됨

style 속성이 세미콜론으로 구분된 문자열이 아닌 객체 값을 받는다. 또한 CSS 프로퍼티의 이름을 대시로 구분하지 않고 캐멀 표기법으로 표기한다.

```
// 불가능!
var em = <em style="font-size: 2em; line-height: 1.6" />;

// 가능
var styles = {
    fontSize: '2em',
    lineHeight: '1.6'
};

var em = <em style={styles} />;

// 인라인도 가능
// 이중 중괄호는 각각 JSX의 동적 값과 자바스크립트 객체를 위한 것이다.
var em = <em style={ {fontSize: '2em', lineHeight: '1.6'} } />;
```

닫는 태그

HTML 태그 중에는 닫을 필요가 없는 것이 있지만 JSX(XML)에서는 항상 닫아야 한다.

```
// 불가능!
// HTML에서는 괜찮지만 닫는 태그가 없음
var gimmeabreak = <br>;
var list = <ul><li>item</ul>;
var meta = <meta charset="utf-8">;

// 가능
var gimmeabreak = <br />;
var list = <ul><li>item</li></ul>;
var meta = <meta charSet="utf-8" />;

// 또는
var meta = <meta charSet="utf-8"></meta>;
```

캐멀표기법으로 속성 표기

앞의 코드 조각에서 charset와 charSet라는 두 가지 표기를 볼 수 있다. JSX에서는 모든 속성을 캐멀 표기법으로 표기해야 한다. JSX를 처음 시작할 때 가장 흔히 저지르는 실수 중 하나는 캐멀 표기법을 사용하지 않는 것이다. 예를 들어, onclick이라고 입력하면 아무 일도 일어나지 않으며 onClick으로 수정해야 제대로 작동한다.

```
// 불가능!
var a = <a onclick="reticulateSplines()" />;

// 가능
var a = <a onClick={reticulateSplines} />;
```

이 규칙의 예외는 data-와 aria- 접두사가 붙은 속성이며, 이들 속성은 HTML과 동일하게 사용된다.

JSX와 폼

JSX와 HTML에서 폼을 사용할 때는 다음과 같은 몇 가지 차이점이 있다.

onChange 핸들러

폼 요소를 사용할 때 사용자는 폼과 상호작용하면서 폼 요소의 값을 변경한다. 리액트에서는 onChange 속성을 이용해 이러한 변경 이벤트를 구독할 수 있다. 이 방법은 라디오 버튼이나 체크박스의 checked 값이나 <select> 옵션의 selected 값을 이용하는 것보다 훨씬 일관성 있다. 텍스트 영역과 <input type="text"> 필드에 입력할 때도 onChange가 발생한다. 이 이벤트는 요소가 포커스를 잃을 때 발생하는 이벤트보다 훨씬 유용하다. 즉, 단순히 입력 변경을 모니터링하기 위해 모든 종류의 마우스와 키보드 이벤트를 구독할 필요가 없다.

value와 defaultValue

HTML에서 <input id="i" value="hello" />가 있을 때 "bye"를 입력해 value를 변경했다면 다음과 같은 결과를 얻는다.

```
i.value; // "bye"
i.getAttribute('value'); // "hello"
```

반면, 리액트에서 value 프로퍼티는 항상 텍스트 입력의 최근 값을 가진다. 기본값을 지정하려면 defaultValue를 사용하면 된다.

다음 코드 조각에서 <input> 컴포넌트는 "hello" 콘텐츠와 onChange 핸들러를 포함하고 있다. 이 경우 "hello"에서 마지막 "o"를 삭제하면 value는 "hell"이 되지만 defaultValue는 "hello"로 유지된다.

```
function log(event) {
  console.log("value: ", event.target.value);
  console.log("defaultValue: ", event.target.defaultValue);
}
```

```
React.render(
    <input defaultValue="hello" onChange={log} />,
    document.getElementById('app')
);
```

 여러분의 컴포넌트에서도 이 패턴을 이용해야 한다. 최신 내용을 유지해야 하는 힌트가 있는 프로퍼티(예: value, data)를 받는 경우 이를 최신으로 유지한다. 그렇지 않은 경우 3장에서 설명한 대로 initialData나 defaultValue 등을 이용해 결과를 예상할 수 있게 해야 한다.

⟨textarea⟩와 value

리액트 버전의 ⟨textarea⟩는 텍스트 입력과의 일관성을 위해 value와 defaultValue 프로퍼티를 받는다. value는 최신 값을 유지하며 defaultValue는 원래 값을 포함한다. HTML 스타일의 방식을 선택해 텍스트 영역의 자식을 이용해 value를 정의하면(권장되지 않음) defaultValue인 것처럼 취급된다.

W3C에서 정의한 HTML ⟨textarea⟩가 자식을 value로 받는 이유는 개발자가 입력에 줄바꿈을 포함할 수 있게 하기 위해서다. 반면 리액트는 자바스크립트를 사용하므로 이러한 제한에서 자유로우며 줄바꿈이 필요할 때는 그냥 \n을 이용하면 된다.

다음 예제를 살펴보자. 실행 결과는 그림 4-9에 나온다.

```
function log(event) {
    console.log(event.target.value);
    console.log(event.target.defaultValue);
}

React.render(
    <textarea defaultValue="hello\nworld" onChange={log} />,
    document.getElementById('app1')
);
React.render(
    <textarea defaultValue={"hello\nworld"} onChange={log} />,
    document.getElementById('app2')
);
```

```
React.render(
    <textarea onChange={log}>hello
world
    </textarea>,
    document.getElementById('app3')
);
React.render(
    <textarea onChange={log}>{"hello\n\
world"}
    </textarea>,
    document.getElementById('app4')
);
```

그림 4-9. 텍스트 영역 내의 줄바꿈

리터럴 문자열 "hello\nworld"를 프로퍼티 값으로 사용할 때와 자바스크립트 문자열 {"hello\nworld"}를 사용할 때 결과가 어떻게 다른지 잘 확인하자.

또한 자바스크립트에서 \를 이용해 다중 행 문자열을 이스케이프하는 방법(네 번째 예)도 잘 봐두자.

또한 `<textarea>` 자식을 이용해 value를 설정하는 이전 방법을 사용할 때 리액트가 어떤 경고를 표시하는지도 확인하자.

⟨select⟩와 value

HTML에서 ⟨select⟩ 입력을 사용할 때는 다음과 같이 ⟨option selected⟩를 이용해 사전에
선택되는 항목을 지정해야 한다.

```
⟨!-- 기존 HTML --⟩
⟨select⟩
  ⟨option value="stay"⟩Should I stay⟨/option⟩
  ⟨option value="move" selected⟩or should I go⟨/option⟩
⟨/select⟩
```

리액트에서는 ⟨select⟩ 요소에 value 또는 defaultValue를 지정한다.

```
// React/JSX
⟨select defaultValue="move"⟩
  ⟨option value="stay"⟩Should I stay⟨/option⟩
  ⟨option value="move"⟩or should I go⟨/option⟩
⟨/select⟩
```

다중 선택이 필요할 때는 미리 선택된 값의 배열을 제공하면 된다.

```
⟨select defaultValue={["stay", "move"]} multiple={true}⟩
  ⟨option value="stay"⟩Should I stay⟨/option⟩
  ⟨option value="move"⟩or should I go⟨/option⟩
  ⟨option value="trouble"⟩If I stay it will be trouble⟨/option⟩
⟨/select⟩
```

 리액트는 ⟨option⟩의 selected 속성을 설정하는 경우 경고 메시지를 보여준다.

⟨select defaultValue⟩ 대신 ⟨select value⟩를 사용하는 것도 가능하지만 사용자에게 보여줄
값을 여러분이 업데이트해야 하므로 권장되지 않는다. 즉, 사용자가 다른 옵션을 선택해도
⟨select⟩가 그대로 유지되므로 다음과 비슷한 코드가 필요하다.

```
var MySelect = React.createClass({
  getInitialState: function() {
```

```
      return {value: 'move'};
    },
    _onChange: function(event) {
      this.setState({value: event.target.value});
    },
    render: function() {
      return (
        <select value={this.state.value} onChange={this._onChange}>
          <option value="stay">Should I stay</option>
          <option value="move">or should I go</option>
          <option value="trouble">If I stay it will be trouble</option>
        </select>
      );
    }
  });
```

JSX를 이용한 Excel 컴포넌트 수정

마무리하는 의미에서 4장에서 살펴본 Excel 컴포넌트의 최종 버전에 포함된 모든 render*()
메서드를 JSX를 이용하도록 다시 작성해보자. 이 연습은 여러분이 직접 해보기를 권장하며,
자신의 작업 내용과 이 책의 코드 리포지토리(*https://github.com/stoyan/reactbook/*)에
포함된 솔루션을 비교해보는 것도 좋다.

05

앱 개발을 위한 설정

JSX를 테스트하거나 프로토타입을 제작하는 것 외의 정식 개발과 배포를 위해서는 빌드 프로세스를 설정해야 한다. 기존에 만들어 놓은 프로세스가 있으면 여기에 바벨 변환만 추가하면 된다. 여기서는 아직 이러한 빌드 설정이 없다고 가정하고 처음부터 시작하는 과정을 알아보자.

목표는 JSX와 다른 최신 자바스크립트 기능을 브라우저가 지원할 때까지 기다리지 않고 사용할 수 있게 하는 것이다. 이를 위해 개발하는 동안 백그라운드로 실행되는 변환을 설정해야 한다. 변환 프로세스는 사용자가 라이브 사이트에서 실행하는 코드와 최대한 비슷한 코드를 생성해야 한다. 즉, 클라이언트 측 변환을 할 필요가 없어야 한다. 또한 프로세스는 개발과 빌드 컨텍스트 사이를 전환할 필요가 없도록 최대한 작업에 방해가 되지 않아야 한다.

자바스크립트 커뮤니티와 생태계에서는 개발 및 빌드 프로세스에 대한 아주 다양한 옵션을 제공하고 있다. 여기서는 이러한 툴을 사용하지 않고 빌드를 간소화하고 저수준으로 유지하면서 다음과 같은 목표를 달성할 수 있는 DIY 스타일의 접근법을 알아본다.

- 어떤 일이 일어나는지 이해
- 나중에 빌드 툴을 선택할 때 필요한 정보를 습득
- 부수적인 사항보다는 리액트와 관련된 측면에 집중

기본 파트 앱

새로운 앱을 위한 범용 "템플릿"을 설정하는 것부터 시작해보자. 이 템플릿은 싱글 페이지 애플리케이션(SPA) 스타일의 클라이언트 측 앱이다. 이 앱은 JSX를 비롯해 ES5, ES6(ES2015) 및 ES7 제안과 같은 여러 자바스크립트 언어의 신기술을 사용한다.

파일과 폴더

먼저 통례에 따라 /css, /js, /images 폴더와 이들을 모두 연결할 index.html 파일이 필요하다. /js 폴더에는 다시 스크립트와 JSX 구문을 위한 /js/source 폴더와 브라우저 친화적인 스크립트를 위한 /js/build 폴더가 필요하다. 또한 빌드를 수행할 명령줄 스크립트를 호스트하는 /scripts 카테고리가 있다.

템플릿(기본 파트) 앱의 디렉터리 구조는 그림 5-1과 같다.

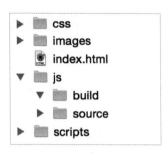

그림 5-1. 기본 파트 앱

다음 항목을 포함하도록 /css와 /js 디렉터리를 더 분할한다(그림 5-2).

- 앱 범위의 범용 파일

- 특정 컴포넌트와 연결된 파일

이렇게 하면 컴포넌트를 최대한 독립적이고, 단일 용도를 가지며, 재사용 가능하게 유지할 수 있다. 궁극적인 목표는 특정한 목표를 갖는 다수의 작은 컴포넌트를 활용해 큰 앱을 구축하는 것이다. 즉, 분할 정복하자.

마지막으로 <Logo>라는 간단한 예제 컴포넌트를 만들어보자(일반적으로 앱에는 자체 로고가 있는 경우가 많다). 컴포넌트 이름의 첫글자에는 대문자를 사용하는 것이 일반적이다. 즉, "logo" 대신 "Logo"가 된다. 모든 컴포넌트 관련 파일을 일관성 있게 유지하기 위해 /js/source/components/Component.js를 이용해 컴포넌트를 구현하고 /css/components/Component.css를 이용해 관련된 스타일링을 구현하자. 그림 5-2에는 <Logo> 컴포넌트의 전체 디렉터리 구조가 나온다.

그림 5-2. 개별 컴포넌트

index.html

디렉터리 구조를 완성한 다음에는 "Hello World" 스타일로 실제로 어떻게 작동하는지 확인해보자. index.html은 다음 항목을 포함해야 한다.

- 모든 CSS를 포함하는 단일 *bundle.css* 파일

- 모든 자바스크립트를 포함하는 단일 *bundle.js* 파일(여기에는 앱과 앱의 모든 컴포넌트, 그리고 리액트를 비롯한 라이브러리 종속성이 포함됨)

- 앱이 시작할 위치가 되는 `<div id="app">`

```html
<!DOCTYPE html>
<html>
  <head>
    <title>App</title>
    <meta charset="utf-8">
    <link rel="stylesheet" type="text/css" href="bundle.css">
  </head>
  <body>
    <div id="app"></div>
    <script src="bundle.js"></script>
  </body>
</html>
```

단일 .css와 단일 .js는 놀라울 만큼 광범위한 애플리케이션에서 아주 효율적이다. 애플리케이션이 페이스북이나 트위터 수준으로 성장하는 경우 이러한 스크립트가 처음에 로드하기에는 너무 커질 수 있으며, 사용자도 처음부터 모든 기능을 필요로 하지는 않을 가능성이 높다. 이런 경우 스크립트/ 스타일 로더를 구성해 사용자가 필요로 할 때 코드를 추가로 로드할 수 있다(이 연습도 여러분에게 맡기며 역시 수많은 오픈소스 프로젝트가 있다). 이 시나리오에서 단일 .css와 .js는 최소 기능을 갖춘 일종의 부트스트래핑 파일이 되며 사용자를 위한 기능을 가급적 일찍 가져오는 일을 한다. 즉, 단일 파일 패턴은 애플리케이션이 성장해도 여전히 유용하다.

별도의 파일을 이용해 *bundle.js*와 *bundle.css*를 만드는 방법은 조금 뒤에 살펴보기로 하고, 어떤 CSS/JS 코드를 어디에 넣어야 하는지를 먼저 고려해보자.

CSS

전역 */css/app.css*는 다음과 비슷하게 앱 범위의 공용 스타일을 포함해야 한다.

```
html {
    background: white;
    font: 16px Arial;
}
```

앱 범위의 스타일 외에도 각 컴포넌트별로 스타일이 필요하다. 리액트 컴포넌트당 CSS 파일(및 JS 파일)을 하나씩 만들고 이러한 파일을 */css/components*(그리고 */js/source/ components*)에 넣는 관례에 따라 다음과 같이 */css/components/Logo.css*를 구현한다.

```
.Logo {
    background-image: url('../../images/react-logo.svg');
    background-size: cover;
    display: inline-block;
    height: 50px;
    vertical-align: middle;
    width: 50px;
}
```

간단하면서도 유용한 다른 관행으로 컴포넌트의 CSS 클래스 이름의 첫글자를 대문자로 하고 컴포넌트의 루트 요소에 컴포넌트 이름과 일치하는 클래스 이름을 지정하는 것이 있다(즉, className="Logo").

자바스크립트

앱의 진입점 스크립트인 */js/source/app.js*는 모든 작업이 시작되는 위치다.

```
React.render(
    <h1>
        <Logo /> Welcome to The App!
    </h1>,
    document.getElementById('app')
);
```

마지막으로 예제 리액트 컴포넌트 <Logo>를 */js/source/components/Logo.js*에 구현한다.

```
var Logo = React.createClass({
    render: function() {
        return <div className="Logo" />;
    }
});
```

자바스크립트: 현대화

지금까지 이 책의 모든 예제에서는 간단한 컴포넌트만 다뤘으며, React와 ReactDOM을 전역 변수를 통해 이용할 수 있게 했다. 그런데 여러 컴포넌트가 포함된 복잡한 앱을 만들려면 이보다 개선된 구성이 필요하다. 알아보기 쉬운 전역 변수는 이름 충돌의 원인이 될 수 있어 위험하며, 항상 제공되는 전역 변수에 의존하는 것 역시 바람직하지 않다. 단일 bundle.js에 모든 것이 포함되지 않는 다른 JS 패키징으로 이전하는 경우 어떻게 될지 생각해보자.

즉, 모듈이 필요하다.

모듈

자바스크립트 커뮤니티에서 자바스크립트 모듈에 대한 다양한 개념이 나왔으며, 그중 널리
채용되고 있는 개념으로 *CommonJS*가 있다. *CommonJS*에서는 작업이 완료되면 하나
이상의 심볼을 내보내는 파일에 코드를 포함한다(대부분 하나의 객체지만 하나의 함수나
변수일 수도 있다).

```
var Logo = React.createClass({/* ... */});

module.exports = Logo;
```

모듈 하나가 항목 하나(예: 리액트 컴포넌트 하나)를 내보내도록 하는 것이 관행이다.

이 모듈은 React.createClass()를 수행하기 위해 React가 필요하다. 더 이상 전역 변수는
사용하지 않으므로 전역 심볼을 통해서는 React가 제공되지 않는다. 따라서 다음과 같이
포함(또는 require)해야 한다.

```
var React = require('react');

var Logo = React.createClass({/* ... */});

module.exports = Logo;
```

이를 각 컴포넌트의 템플릿으로 사용하자. 맨 위에서 선언하고, 맨 밑에서 내보내며,
중간에서 "실제 작업"을 한다.

ECMAScript 모듈

ECMAScript 사양은 이 개념을 한 단계 더 발전시켜 require()와 module.exports에 의존하지
않는 새로운 구문을 제안한다. 새로운 구문을 브라우저가 이해할 수 있는 구문으로 바꿔주는
바벨이 있으므로 마음 놓고 새로운 구문을 이용할 수 있다.

다른 모듈의 의존성을 선언하려면 다음과 같이 하는 대신

```
var React = require('react');
```

다음과 같이 한다.

```
import React from 'react';
```

또한 모듈에서 내보낼 때는 다음과 같이 하는 대신

```
module.exports = Logo;
```

다음과 같이 한다.

```
export default Logo
```

 행 끝에 세미콜론이 없는 것은 실수가 아니라 ECMAScript의 특징 중 하나다.

클래스

ECMAScript에는 클래스가 있으므로 새로운 구문을 활용할 수 있다.

전:

```
var Logo = React.createClass({/* ... */});
```

후:

```
class Logo extends React.Component {/* ... */}
```

전에는 객체를 이용해 리액트 "클래스"를 선언했지만, 이제 실제 클래스가 있기 때문에 몇 가지 사항이 달라진다.

- 더 이상 객체에 임의의 프로퍼티가 포함되지 않으며 함수(메서드)만 포함된다. 프로퍼티가 필요한 경우 생성자 안에서 this에 할당하면 된다(추가 예제와 옵션은 나중에 살펴본다).

- 메서드 구문은 render() {}이며 function 키워드는 이제 필요 없다.

- 이제 메서드는 var obj = {a: 1, b: 2};처럼 쉼표(,)로 구분되지 않는다.

```
class Logo extends React.Component {
    someMethod() {
```

```
    } // 쉼표 없음

    another() { // `function` 없음

    }

    render() {
        return <div className="Logo" />;
    }
}
```

종합

ECMAScript의 기능에 대해서는 이 책을 진행하는 동안 더 소개하겠지만, 기본 파트 앱을 최대한 간단하고 신속하게 만들기 위해 알아야 할 내용은 이것으로 충분하다.

이제 *index.html*, 앱 범위 CSS(app.css), 컴포넌트당 하나의 CSS(*/css/components/Logo.css*), 그리고 마지막으로 앱의 자바스크립트 진입점(*app.js*)과 별도 모듈로 구현된 각 리액트 컴포넌트(예: */js/source/components/Logo.js*)가 있다.

다음은 *app.js*의 최종 버전이다.

```
'use strict'; // 권장 사항

import React from 'react';
import ReactDOM from 'react-dom';
import Logo from './components/Logo';

ReactDOM.render(
    <h1>
        <Logo /> Welcome to The App!
    </h1>,
    document.getElementById('app')
);
```

Logo.js는 다음과 같다.

```
import React from 'react';

class Logo extends React.Component {
    render() {
        return <div className="Logo" />;
    }
}

export default Logo
```

코드를 보면 리액트와 Logo 컴포넌트를 임포트할 때 차이(from 'react'와 from './components/Logo')가 있음을 알 수 있다. 후자는 디렉터리 경로처럼 보이는데 실제로 그렇다. 후자는 모듈에 상대적인 파일 위치에서 의존성을 가져오도록 명령하는 반면, 전자는 npm을 통해 설치된 공유된 위치에서 의존성을 가져오도록 명령한다. 다음으로 이렇게 다양한 최신 구문과 모듈이 브라우저(심지어 오래된 IE에서도)에서 작동하게 하는 방법을 알아보자.

 지금까지 소개한 기본 파트 구성은 이 책과 함께 제공되는 코드 리포지토리(*https://github.com/stoyan/reactbook/*)에 포함돼 있다. 자신의 앱을 쉽고 빠르게 개발하는 데 활용해보자.

필수 구성 요소 설치

*index.html*을 로드하고 작동하는지 확인하려면 먼저 다음과 같은 준비가 필요하다.

- *bundle.css*를 만든다. 간단한 연결 작업을 통해 만들며 다른 필수 구성 요소는 필요 없다.

- 브라우저가 코드를 이해할 수 있게 만든다. 트랜스파일링을 위해서는 바벨이 필요하다.

- *bundle.js*를 만든다. 이 작업에는 브라우저리파이[Browserify]를 이용한다.

브라우저리파이는 스크립트를 연결하는 것 뿐만 아니라 다음과 같은 작업에도 필요하다.

- 모든 종속성을 확인하고 포함한다. *app.js*에 대한 경로를 전달하면 모든 종속성을 자동으로 알아낸다(리액트, *Logo.js* 등).

- require() 호출이 작동하도록 *CommonJS* 구현을 포함한다. 바벨은 모든 import 문을 require() 함수 호출로 변환한다.

간단히 말해 바벨과 브라우저리파이를 설치해야 한다. 이들을 설치하는 데는 Node.js와 함께 제공되는 npm^{Node Package Manager}을 이용한다.

Node.js

Node.js를 설치하려면 http://nodejs.org로 이동하고 운영체제에 맞는 설치 관리자를 내려받는다. 설치 관리자의 설명에 따르면 설치가 완료된다. 이제 npm이 제공하는 서비스를 이용할 수 있다.

제대로 설치됐는지 확인하려면 터미널에 다음 명령을 입력한다.

```
$ npm --version
```

터미널(명령 프롬프트)을 이용해본 경험이 없다면 바로 지금이 시작할 좋은 기회다! 맥 OS X에서는 Spotlight 검색(오른쪽 상단 모서리의 돋보기 아이콘)을 클릭하고 Terminal을 입력한다. 윈도우에서는 시작 메뉴(화면 왼쪽 하단의 윈도우 아이콘을 마우스 오른쪽 버튼으로 클릭)를 찾고 실행을 선택한 후 power shell을 입력한다.

 이 책에서는 터미널에 입력해야 하는 모든 명령을 일반 코드와 구분하기 위해 $ 접두사를 붙였다. 터미널에 명령을 입력할 때는 $를 생략한다.

브라우저리파이

브라우저리파이를 설치하려면 터미널에서 다음 명령을 입력한다.

```
$ npm install --global browserify
```

제대로 설치됐는지 확인하려면 다음 명령을 입력한다.

```
$ browserify --version
```

바벨

바벨의 명령줄 인터페이스[CLI]를 설치하려면 다음 명령을 입력한다.

```
$ npm install --global babel-cli
```

제대로 설치됐는지 확인하려면 다음 명령을 입력한다.

```
$ babel --version
```

일정한 패턴을 볼 수 있을 것이다.

 일반적으로 Node 노드 패키지는 예제에 나온 —global 플래그 없이 로컬로 설치하는 것이 좋다. (전역은 비추천이라는 패턴을 볼 수 있다) 로컬로 설치하면 현재 작업 중인 애플리케이션에 필요한 각기 다른 패키지별 버전을 사용할 수 있다. 다만 브라우저리파이와 바벨의 경우 전역으로 설치하면 명령줄 인터페이스에 대한 전역 접근(모든 디렉터리에서 접근 가능)이 가능해진다.

리액트 및 기타 항목

몇 가지 패키지를 더 준비하면 모든 준비가 완료된다.

- react, 당연히 필수
- react-dom, 별도로 배포됨
- babel-preset-react, 바벨에 JSX 지원 및 다른 리액트 기능을 제공
- babel-preset-es2015, 최신 자바스크립트 기능에 대한 지원을 제공

이러한 패키지를 로컬로 설치할 수 있도록 앱 디렉터리로 이동한다(예: cd ~/reactbook/ reactbook-boiler 명령 실행).

```
$ npm install --save-dev react
$ npm install --save-dev react-dom
$ npm install --save-dev babel-preset-react
$ npm install --save-dev babel-preset-es2015
```

그러면 앱에 로컬 패키지와 해당 의존성이 포함된 *node_modules* 디렉터리가 추가된다.
두 전역 모듈(바벨, 브라우저리파이)도 *node_modules*에 포함되는데, *node_modules*의
위치는 운영체제에 따라 다르다(예: /usr/local/lib/node_modules 또는 C:\Users{계정 이름}\
AppData\Roaming\npm\).

빌드 시작

빌드 프로세스는 CSS 연결, JS 트랜스파일, JS 패키징의 세 단계로 수행되며, 세 명령을
수행하는 것처럼 간단하게 진행할 수 있다.

자바스크립트 트랜스파일

먼저 바벨을 이용해 자바스크립트를 트랜스파일한다.

```
$ babel --presets react,es2015 js/source -d js/build
```

이것은 *js/source*의 모든 파일을 리액트와 ES2015 기능을 이용해 트랜스파일한 후 결과를
js/build로 복사한다는 의미다. 명령의 출력은 다음과 같다.

```
js/source/app.js -> js/build/app.js
js/source/components/Logo.js -> js/build/components/Logo.js
```

이 리스트는 새로운 컴포넌트를 추가할 때마다 길어진다.

자바스크립트 패키징

다음은 패키징을 할 차례다.

```
$ browserify js/build/app.js -o bundle.js
```

브라우저리파이에 *app.js*부터 시작해 모든 의존성을 찾고 결과를 *bundle.js*로 기록하도록
명령한다. 이 파일은 최종적으로 *index.html*에 포함해야 한다. 파일을 실제로 기록했는지
확인하려면 less bundle.js 명령을 입력한다.

CSS 패키징

CSS 패키징은 아주 간단해서(적어도 현재 단계에서는) 별도의 특수한 툴이 필요 없으며, cat을 이용해 모든 CSS 파일을 하나로 연결하면 된다. 그런데 파일 위치를 변경함에 따라 이미지 참조가 실패하므로 간단한 sed 호출을 이용해 다시 기록하게 한다.

```
cat css/*/* css/*.css | sed 's/..\/..\/images/images/g' > bundle.css
```

 이 작업을 도와주는 NPM 패키지가 있지만 현재는 이 정도로 충분하다.

결과!

이제 준비 과정이 모두 완료되어 결과를 확인할 수 있다. 브라우저에서 *index.html*을 로드하고 환영 화면을 확인하자(그림 5-3).

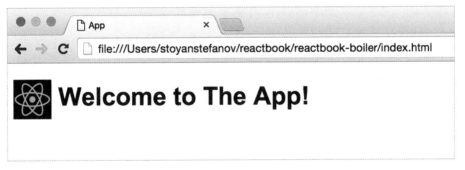

그림 5-3. 앱 환영 화면

윈도우 버전

앞의 명령은 리눅스나 맥 OS X용이며, 윈도우용 명령도 크게 다르지 않다. 주의할 점은 디렉터리 분리 문자가 다르다는 점이다. 즉, 다음과 같다.

```
$ babel --presets react,es2015 js\source -d js\build
$ browserify js\build\app.js -o bundle.js
```

윈도우에는 cat 명령이 없으므로 다음과 같이 파일을 연결할 수 있다.

```
$ type css\components\* css\* > bundle.css
```

또한 (CSS가 *images*가 아닌 *../../images*에서 이미지를 찾도록) 파일 안의 문자열을 대체하려면 다음과 같이 "powershell"의 고급 기능을 이용해야 한다.

```
$ (Get-Content bundle.css).replace('../../images', 'images') | Set-Content bundle.css
```

개발 중 빌드하기

파일 하나를 변경할 때마다 빌드 프로세스를 매번 실행하기는 힘든 일이다. 다행히 스크립트에서 디렉터리에 대한 변경 사항을 확인하고 스크립트를 자동으로 빌드할 수 있다.

먼저 빌드를 구성하는 다음의 세 명령을 *scripts/build.sh* 파일에 넣는다.

```
# js 트랜스폼
babel --presets react,es2015 js/source -d js/build
# js 패키징
browserify js/build/app.js -o bundle.js
# css 패키징
cat css/*/* css/*.css | sed 's/..\/..\/images/images/g' > bundle.css
# 완료
date; echo;
```

다음은 watch NPM 패키지를 설치한다.

```
$ npm install --save-dev watch
```

다음과 같이 watch를 실행하면 *js/source/*와 */css* 디렉터리를 감시하고 변경 사항이 있는 경우 *scripts/build.sh*의 셸 스크립트를 실행한다.

```
$ watch "sh scripts/build.sh" js/source css

> Watching js/source/
> Watching css/
```

```
js/source/app.js -> js/build/app.js
js/source/components/Logo.js -> js/build/components/Logo.js
Sat Jan 23 19:41:38 PST 2016
```

물론 이 명령을 scripts/watch.sh에 넣어 앱 개발 작업을 시작할 때마다 자동 빌드 준비를 완료할 수 있다.

```
$ sh scripts/watch.sh
```

이제 소스 파일을 수정하고 브라우저를 새로 고치면 간단하게 새로운 빌드를 볼 수 있다.

배포

작업 중에 빌드하는 과정도 이미 완료했으므로 앱을 배포하는 과정도 어려울 게 없다. 다만 라이브 사용자가 앱을 이용할 수 있게 하려면 먼저 축소^{minification} 및 이미지 최적화와 같은 추가 처리 과정을 거쳐야 한다.

널리 이용되는 JS 축소기인 uglify와 CSS 축소기인 cssshrink를 이용해보자. 그다음에는 HTML 축소, 이미지 최적화, CDN$^{content\ delivery\ network}$으로 파일 복사 등의 원하는 작업을 할 수 있다.

scripts/deploy.sh 파일은 다음과 같다.

```
# 마지막 버전을 정리
rm -rf __deployme
mkdir __deployme

# 빌드
sh scripts/build.sh

# JS 축소
uglify -s bundle.js -o __deployme/bundle.js
# CSS 축소
cssshrink bundle.css > __deployme/bundle.css
# HTML과 이미지 복사
```

```
cp index.html __deployme/index.html
cp -r images/ __deployme/images/

# 완료
date; echo;
```

스크립트를 실행하고 나면 __deployme 디렉터리에 다음과 같은 항목이 생긴다.

- *index.html*

- *bundle.css*, 축소됨

- *bundle.js*, 축소됨

- *images/* 폴더

이제 남은 일은 이 디렉터리를 서버로 복사해 사용자에게 업데이트된 앱을 제공하는 것이다.

앞으로 할 일

지금까지 간단한 셸 기반 자동 빌드 프로세스와 배포 파이프라인에 대해 알아봤다. 필요한 경우 이보다 더 특화된 빌드 툴(예: 그런트^{Grunt}나 걸프^{Gulp})을 이용할 수 있다.

이제 빌드와 트랜스파일링에 대한 내용을 모두 마무리했으므로 다음으로 최신 자바스크립트가 지원하는 다양한 기능을 활용하며 실제 앱을 빌드하고 테스트하는 더 흥미로운 내용을 다룰 차례다.

앱 구축하기

지금까지 커스텀 리액트 컴포넌트를 만들고 기본 제공 컴포넌트를 이용하며, 필요에 따라 JSX를 이용해 사용자 인터페이스를 정의하고, 결과를 빌드하고 배포하는 과정을 알아봤다. 다음은 좀 더 완전한 앱을 구축할 차례다.

여기서 만들 앱은 사용자가 맛을 보는 모든 와인의 등급을 매기고 참고 사항을 기록할 수 있는 와인패드^{Whinepad}라는 간단한 앱이다. 꼭 와인일 필요는 없으며 각자 불평^{whine}하고 싶은 어떤 대상이라도 괜찮다. 이 앱은 생성, 읽기, 업데이트, 삭제^{CRUD} 애플리케이션에서 예상되는 작업을 모두 해야 한다. 또한 클라이언트 측 앱이므로 데이터를 클라이언트에 저장해야 한다. 6장의 목표는 리액트이므로 리액트와 무관한 부분(예: 저장소, 프레젠테이션)에 대해서는 최소한의 내용만 설명한다.

6장에서 배울 내용은 다음과 같다.

- 작고 재사용 가능한 컴포넌트로 앱 구축하기
- 컴포넌트 간의 통신과 협력

와인패드 v.0.0.1

5장에서 만든 기본 파트를 기반으로 와인패드 구축을 시작해보자. 와인패드는 사용자가 경험한 물품에 대한 참고 사항을 기록할 수 있는 등급 앱이다. 환영 화면에 지금까지 등급을 매긴 항목을 깔끔한 테이블로 보여주면 어떨까? 즉, 3장에서 만든 <Excel> 컴포넌트를 재사용할 수 있다.

설정

먼저 기본 파트 앱인 reactbook-boiler를 작업 위치로 복사하고 이름을 whinepad v0.0.1로 변경한다(*https://github.com/stoyan/reactbook/*에서 받을 수 있음). 그런 다음 변경을 수행하면 빌드하도록 watch 스크립트를 시작한다.

```
$ cd ~/reactbook/whinepad\ v0.0.1/
$ sh scripts/watch.sh
```

코딩 시작

새로운 앱과 일치하도록 *index.html*의 타이틀을 업데이트하고 id="pad"를 추가한다.

```html
<!DOCTYPE html>
<html>
  <head>
    <title>Whinepad v.0.0.1</title>
    <meta charset="utf-8">
    <link rel="stylesheet" type="text/css" href="bundle.css">
  </head>
  <body>
    <div id="pad"></div>
    <script src="bundle.js"></script>
  </body>
</html>
```

4장의 마지막 부분에서 제작한 JSX 버전의 Excel 컴포넌트를 *js/source/components/ Excel.js*로 복사한다.

```javascript
import React from 'react';

var Excel = React.createClass({

  // 구현...

  render: function() {
    return (
      <div className="Excel">
        {this._renderToolbar()}
        {this._renderTable()}
      </div>
    );
  },
```

```
    // 추가 구현...
});

export default Excel
```

Excel에서 이전과는 다른 몇 가지 차이점을 발견할 수 있다.

- import/export 문
- 컴포넌트의 루트에 새로운 관례를 따르기 위한 className="Excel"이 있음

다음과 같이 모든 CSS에 접두사를 붙인다.

```
.Excel table {
    border: 1px solid black;
    margin: 20px;
}

.Excel th {
    /* 기타 사항 */
}

/* 기타 사항 */
```

이제 〈Excel〉을 포함하도록 주 *app.js*을 업데이트하면 된다. 앞서 언급했듯이, 클라이언트 측 저장소(localStorage)를 이용해 구현을 간소하게 유지할 것이다. 일단은 시작하는 데 필요한 몇 가지 기본값을 설정한다.

```
var headers = localStorage.getItem('headers');
var data = localStorage.getItem('data');

if (!headers) {
    headers = ['Title', 'Year', 'Rating', 'Comments'];
    data = [['Test', '2015', '3', 'meh']];
}
```

이제 데이터를 〈Excel〉로 전달한다.

```
ReactDOM.render(
  <div>
    <h1>
      <Logo /> Welcome to Whinepad!
    </h1>
    <Excel headers={headers} initialData={data} />
  </div>,
  document.getElementById('pad')
);
```

다음으로 Logo.css에 몇 가지 부분을 수정하면 버전 0.0.1이 완성된다(그림 6-1)!

그림 6-1. 와인패드 v.0.0.1

컴포넌트

기존의 〈Excel〉 컴포넌트를 이용해 쉽고 빠르게 작업을 시작할 수 있었지만 이 컴포넌트는 필요 이상으로 많은 일을 한다. 분할 정복의 기본 방침에 따라 더 작고 재사용 가능한 컴포넌트로 분할하는 것이 좋다. 예를 들어, 버튼은 Excel 테이블 바깥에서도 재사용할 수 있게 자체 컴포넌트로 만들어야 한다.

또한 숫자 대신 별점을 보여주는 등급 위젯과 같은 몇 가지 특화된 컴포넌트도 필요하다.

이어서 새로운 앱을 설정하고 컴포넌트 검색 툴이라는 도우미를 준비해보자. 이 툴의 역할은
다음과 같다.

- 컴포넌트를 격리 상태로 개발 및 테스트할 수 있게 해준다. 컴포넌트를 앱에서 사용하다 보면 컴포넌트를 앱에
  결합시켜 재사용성을 저하시키는 경우가 많다. 컴포넌트를 그 자체로 운영하면 컴포넌트 분리를 위한 더 나은
  결정을 내릴 수 있게 된다.

- 다른 팀원이 기존 컴포넌트를 발견하고 재사용할 수 있게 해준다. 앱이 성장하면 개발 팀도 함께 성장한다. 두
  개발자가 비슷한 컴포넌트를 따로 개발하는 문제를 예방하고 컴포넌트 재사용을 권장하기 위해(결과적으로 앱
  개발 속도가 향상됨) 모든 컴포넌트와 사용법을 보여주는 예제를 한곳에 넣는 것이 바람직하다.

설정

스크립트를 새로 시작하기 위해 Ctrl + C를 눌러 기존 watch 스크립트를 중지한다. 최소
기능의 첫 번째 버전인 whinepad v.0.0.1을 *whinepad*라는 새로운 폴더로 복사한다.

```
$ cp -r ~/reactbook/whinepad\ v0.0.1/ ~/reactbook/whinepad
$ cd ~/reactbook/whinepad
$ sh scripts/watch.sh

> Watching js/source/
> Watching css/
js/source/app.js -> js/build/app.js
js/source/components/Excel.js -> js/build/components/Excel.js
js/source/components/Logo.js -> js/build/components/Logo.js
Sun Jan 24 11:10:17 PST 2016
```

검색

컴포넌트 검색 툴의 이름을 *discovery.html*로 지정하고 루트에 배치한다.

```
$ cp index.html discovery.html
```

여기서는 전체 앱을 로드할 필요가 없으므로 모든 컴포넌트 예제를 포함하는 *discover.js*를
app.js 대신 사용한다. 앱의 *bundle.js*는 포함하지 않지만 *discover-bundle.js*라는
별도의 번들을 포함한다.

```html
<!DOCTYPE html>
<html>
    <!-- index.html과 동일 -->
    <body>
        <div id="pad"></div>
        <script src="discover-bundle.js"></script>
    </body>
</html>
```

새로운 번들을 작업하는 동안 자동으로 빌드하기는 어렵지 않다. 다음과 같이 *build.sh* 스크립트에 한 행을 추가한다.

```
# js package
browserify js/build/app.js -o bundle.js
browserify js/build/discover.js -o discover-bundle.js
```

마지막으로 예제 ⟨Logo⟩를 검색 툴(*js/build/discover.js*)에 추가한다.

```jsx
'use strict';

import Logo from './components/Logo';
import React from 'react';
import ReactDOM from 'react-dom';

ReactDOM.render(
    <div style={ {padding: '20px'} }>
        <h1>Component discoverer</h1>

        <h2>Logo</h2>
        <div style={ {display: 'inline-block', background: 'purple'} }>
            <Logo />
        </div>

        {/* 추가 컴포넌트를 넣을 위치... */}

    </div>,
    document.getElementById('pad')
);
```

새로운 컴포넌트 검색 툴(그림 6-2)은 새로운 컴포넌트를 개발하는 동안 생명을 불어넣어 사용해볼 수 있는 공간을 제공한다. 이제 컴포넌트를 하나씩 개발하고 빌드해보자.

그림 6-2. 와인패드의 컴포넌트 검색 툴

⟨Button⟩ 컴포넌트

모든 앱에는 버튼이 필요하다고 말해도 그리 심한 일반화는 아니다. 앱에서 사용되는 버튼은 깔끔한 스타일의 ⟨button⟩ 컴포넌트인 경우도 있고 3장의 내려받기 버튼과 같이 간단한 ⟨a⟩인 경우도 있다. 새로운 ⟨Button⟩이 선택적인 href 프로퍼티를 받게 만들면 어떨까? 이 프로퍼티가 있는 경우 버튼의 바탕에 ⟨a⟩를 렌더링하는 것이다.

테스트 주도 개발^{TDD}의 개념을 바탕으로 *discovery.js* 툴에서 컴포넌트의 사용 예를 정의하는 것부터 역방향으로 개발을 시작할 수 있다.

전:

```
import Logo from './components/Logo';

{/* ... */}

{/* 추가 컴포넌트의 위치... */}
```

후:

```
import Button from './components/Button';
import Logo from './components/Logo';

{/* ... */}

<h2>Buttons</h2>
<div>Button with onClick: <Button onClick={() => alert('ouch')}>Click me
</Button></div>
<div>A link: <Button href="http://reactjs.com">Follow me</Button></div>
<div>Custom class name: <Button className="custom">I do nothing</Button></div>

{/* 추가 컴포넌트의 위치... */}
```

 예제에서 () => alert('ouch') 패턴을 볼 수 있는데, 이것은 ES2015의 화살표 함수를 사용한 예다. 다음은 화살표 함수의 몇 가지 다른 사용 예다.

- () => {}는 function() {}와 같은 빈 함수다.
- (what, not) => console.log(what, not)는 매개변수가 있는 함수다.
- (a, b) => { var c = a + b; return c;}와 같이 함수 본체에 코드가 두 행 이상일 경우 중괄호 {}가 필요하다.
- let fn = arg => {}와 같이 인수를 하나만 받을 때는 ()가 선택 사항이다.

Button.css

<Button> 컴포넌트의 스타일은 관례에 따라 */css/components/Button.css*에 넣어야 한다. 이 파일은 버튼을 멋지게 만들기 위한 약간의 CSS를 포함할 뿐, 특별한 사항은 없다. 이 CSS는 다음과 같이 간단하므로 다른 컴포넌트의 CSS에 대해서는 더 설명하지 않는다.

```
.Button {
    background-color: #6f001b;
    border-radius: 28px;
    border: 0;
    box-shadow: 0px 1px 1px #d9d9d9;
    color: #fff;
```

```css
    cursor: pointer;
    display: inline-block;
    font-size: 18px;
    font-weight: bold;
    padding: 5px 15px;
    text-decoration: none;
    transition-duration: 0.1s;
    transition-property: transform;
}

.Button:hover {
    transform: scale(1.1);
}
```

Button.js

*/js/source/components/Button.js*는 다음과 같다.

```js
import classNames from 'classnames';
import React, {PropTypes} from 'react';

function Button(props) {
    const cssclasses = classNames('Button', props.className);
    return props.href
        ? <a {...props} className={cssclasses} />
        : <button {...props} className={cssclasses} />;
}

Button.propTypes = {
    href: PropTypes.string,
};

export default Button
```

이 컴포넌트의 코드는 짧지만 새로운 개념과 구문이 많이 포함돼 있다. 어떤 것들이 있는지 차례로 확인해보자.

classnames 패키지

```
import classNames from 'classnames';
```

classnames 패키지(npm i —save-dev classnames 명령으로 가져옴)에는 CSS 클래스 이름을 다룰 때 유용한 함수가 들어있다. 이것은 컴포넌트가 자체 클래스를 사용하게 하면서도 부모를 통해 전달되는 클래스 이름을 이용해 커스터마이즈를 가능하게 해주는 일반적인 작업이다. 이전에는 리액트의 애드온 패키지에 이 기능을 하는 유틸리티가 있었지만 이 외부 패키지를 권장하기 위해 이제는 지원되지 않는다. 이 패키지의 유일한 함수를 다음과 같이 사용할 수 있다.

```
const cssclasses = classNames('Button', props.className);
```

이것은 컴포넌트를 생성할 때 Button이라는 클래스 이름을 프로퍼티로 전달된 클래스 이름(있는 경우)과 병합하라는 의미다.

물론 직접 클래스 이름을 연결해도 되지만 이렇게 공통적인 작업을 편리하게 처리할 수 있는 작은 패키지를 굳이 마다할 이유는 없다. 또한 다음과 같이 클래스 이름을 조건부로 설정하는 기능도 지원하는데, 이 기능도 아주 편리하다.

```
<div className={classNames({
    'mine': true, // 무조건
    'highlighted': this.state.active, // 컴포넌트의 상태에
                            // 따라...
    'hidden': this.props.hide, // ... 또는 프로퍼티에 따라
})} />
```

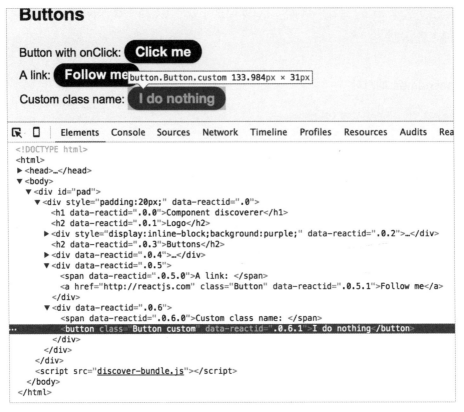

그림 6-3. 커스터마이즈된 클래스 이름을 갖는 〈Button〉

구조분해 할당

```
import React, {PropTypes} from 'react';
```

위 행은 다음 두 행을 간단하게 선언하는 방법이다.

```
import React from 'react';
```

```
const PropTypes = React.PropTypes;
```

상태 비저장 함수형 컴포넌트

컴포넌트가 이처럼 단순하며 상태를 유지할 필요가 없는 경우 함수를 이용해 컴포넌트를 정의할 수 있다. 이때 함수의 본체가 render() 메서드를 대체한다. 함수는 모든 프로퍼티를 첫 번째 인수로 받는다. 본체에서 클래스/객체 버전의 this.props.href가 아닌 props.href를 사용하는 것은 이 때문이다.

화살표 함수를 이용해 이 함수를 다음과 같이 다시 작성할 수 있다.

```
const Button = props => {
  // ...
};
```

그리고 함수 본체를 꼭 한 행으로 만들고 싶다면 {}, ;, return을 생략할 수 있다.

```
const Button = props =>
  props.href
    ? <a {...props} className={classNames('Button', props.className)} />
    : <button {...props} className={classNames('Button', props.className)} />
```

propTypes

ES2015 클래스 구문이나 함수형 컴포넌트를 사용하는 경우 propTypes와 같은 모든 프로퍼티를 컴포넌트의 정의에 따라 정적 프로퍼티로 정의해야 한다. 즉, 다음과 같다.

전(ES3, ES5):

```
var PropTypes = React.PropTypes;

var Button = React.createClass({
  propTypes: {
    href: PropTypes.string
  },
  render: function() {
    /* 렌더 */
  }
});
```

후(ES2015 클래스):

```
import React, {Component, PropTypes} from 'react';

class Button extends Component {
    render() {
        /* 렌더 */
    }
}

Button.propTypes = {
    href: PropTypes.string,
};
```

상태 비저장 함수형 컴포넌트를 사용할 때도 동일하다.

```
import React, {Component, PropTypes} from 'react';

const Button = props => {
    /* 렌더 */
};

Button.propTypes = {
    href: PropTypes.string,
};
```

폼

〈Button〉 컴포넌트는 사용하는 데 지장이 없다. 다음으로 모든 데이터 입력 앱에서 필수적인 폼을 처리하는 방법을 알아볼 차례다. 브라우저가 기본 제공하는 폼의 외형과 느낌에 만족하는 앱 개발자는 거의 없기 때문에 자신만의 버전을 만드는 경우가 많다. 와인패드 앱도 예외는 아니다.

호출자에게 입력 내용에 대한 접근을 제공하는 getValue() 메서드를 포함하는 범용 〈FormInput〉 컴포넌트에 대해 알아보자. 이 컴포넌트는 type 프로퍼티에 따라 더 특화된 컴포넌트(예: 〈Suggest〉 입력, 〈Rating〉 입력 등)로 입력 생성을 위임한다.

먼저 낮은 수준의 컴포넌트부터 시작해보자. 여기에는 render()와 getValue() 메서드만
있으면 된다.

〈Suggest〉

자동 완성(또는 자동 제안) 입력은 웹에서 아주 흔히 볼 수 있는 입력 요소인데, 여기서는
브라우저에서 이미 제공하는 〈datalist〉 HTML 요소를 이용하는 간단한 구현 방법을
알아보자.

먼저 검색 앱을 업데이트해야 한다.

```
<h2>Suggest</h2>
<div><Suggest options={['eenie', 'meenie', 'miney', 'mo']} /></div>
```

그런 다음 /js/source/components/Suggest.js에 컴포넌트를 구현한다.

```
import React, {Component, PropTypes} from 'react';

class Suggest extends Component {

  getValue() {
    return this.refs.lowlevelinput.value;
  }

  render() {
    const randomid = Math.random().toString(16).substring(2);
    return (
      <div>
        <input
          list={randomid}
          defaultValue={this.props.defaultValue}
          ref="lowlevelinput"
          id={this.props.id} />
        <datalist id={randomid}>{
          this.props.options.map((item, idx) =>
            <option value={item} key={idx} />
```

```
            )
        }</datalist>
      </div>
    );
  }
}

Suggest.propTypes = {
  options: PropTypes.arrayOf(PropTypes.string),
};

export default Suggest
```

위의 코드에 나오는 것처럼 이 컴포넌트는 <input>과 (randomid)를 통해 이에 연결된 <datalist>를 감싸는 래퍼에 지나지 않는다.

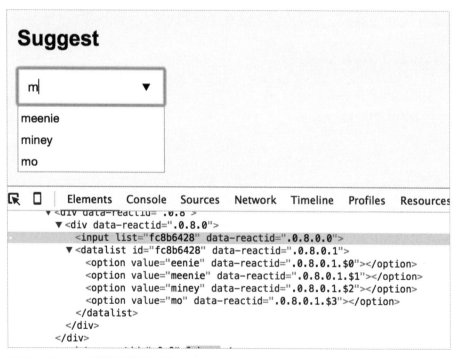

그림 6-4. 〈Suggest〉 입력이 작동하는 모습

신규 ES 구문과 관련해서는 다음과 같이 구조분해 할당을 이용해 두 개 이상의 프로퍼티를 한 변수에 할당하는 방법을 볼 수 있다.

```
// 전
import React from 'react';
const Component = React.Component;
const PropTypes = React.PropTypes;

// 후
import React, {Component, PropTypes} from 'react';
```

새로운 리액트 개념 중에서는 ref 속성이 사용된 것을 볼 수 있다.

ref

다음과 같은 예제가 있다고 가정해보자.

```
<input ref="domelement" id="hello">
/* 이후 ... */
console.log(this.refs.domelement.id === 'hello'); // true
```

ref 속성을 이용하면 리액트 컴포넌트의 특정 인스턴스에 이름을 지정해 나중에 인스턴스를 참조할 수 있다. ref는 모든 컴포넌트에 추가할 수 있지만 기반 DOM에 접근하기 위해 DOM 요소를 참조하는 데 주로 사용된다. 다만 ref는 임시방편으로 사용되는 경우가 많고 일반적으로 다른 방법으로 같은 결과를 얻을 수 있다.

앞의 예에서는 <input>의 값을 필요할 때 가져올 수 있는 방법이 필요했다. 그런데 입력의 변경을 컴포넌트의 상태 변경이라고 생각한다면 this.state를 이용해 입력을 추적하는 방법으로 전환할 수 있다.

```
class Suggest extends Component {

  constructor(props) {
    super(props);
    this.state = {value: props.defaultValue};
  }
```

```
  getValue() {
    return this.state.value; // `ref`를 사용하지 않음
  }

  render() {}
}
```

그러면 <input>에 ref는 필요 없지만, 상태를 업데이트하는 onChange 핸들러가 필요하다.

```
<input
  list={randomid}
  defaultValue={this.props.defaultValue}
  onChange={e => this.setState({value: e.target.value})}
  id={this.props.id} />
```

constructor()에 포함된 this.state = {}; 사용에 주의하자. 이것은 ES6 이전 환경의
getInitialState()를 대체한다.

〈Rating〉 컴포넌트

이 앱은 사용자가 경험한 품목에 대한 참고 사항을 기록하는 앱이다. 가장 쉬운 방법은 1부터
5까지 별 등급을 사용하는 것이다.

이 컴포넌트는 다음과 같이 재사용 가능하게 구성할 수 있다.

- 별의 수를 지정할 수 있게 한다. 기본값은 5지만 11도 문제 없다.
- 실수로 별을 클릭해 중요한 등급 데이터를 변경하지 않게 읽기 전용으로 만든다.

검색 툴에서 컴포넌트를 테스트한다(그림 6-5).

```
<h2>Rating</h2>
<div>No initial value: <Rating /></div>
<div>Initial value 4: <Rating defaultValue={4} /></div>
<div>This one goes to 11: <Rating max={11} /></div>
<div>Read-only: <Rating readonly={true} defaultValue={3} /></div>
```

Rating

No initial value: ☆ ☆ ☆ ☆ ☆

Initial value 4: ★ ★ ★ ★ ☆

This one goes to 11: ☆ ☆ ☆ ☆ ☆ ☆ ☆ ☆ ☆ ☆ ☆

Read-only: ★ ★ ★ ☆ ☆

그림 6-5. 등급 위젯

이 구현의 최소 요건으로는 프로퍼티 유형의 설정과 상태 유지 관리가 있다.

```
import classNames from 'classnames';
import React, {Component, PropTypes} from 'react';

class Rating extends Component {

  constructor(props) {
    super(props);
    this.state = {
      rating: props.defaultValue,
      tmpRating: props.defaultValue,
    };
  }

  /* 추가 메서드... */

}

Rating.propTypes = {
  defaultValue: PropTypes.number,
  readonly: PropTypes.bool,
  max: PropTypes.number,
};
```

```
Rating.defaultProps = {
    defaultValue: 0,
    max: 5,
};


export default Rating
```

프로퍼티의 역할은 쉽게 알 수 있다. max는 최대 별의 수를 지정하며, readonly는 위젯을 읽기 전용으로 만든다. 상태에는 현재 할당된 별의 값을 나타내는 rating과 사용자가 컴포넌트를 클릭해 등급을 설정하기 전에 컴포넌트 주변을 마우스로 움직일 때 이용되는 tmpRating이 포함된다.

다음은 사용자가 컴포넌트와 상호작용하는 동안 상태를 최신으로 유지 관리하는 도우미 메서드다.

```
getValue() { // 모든 입력이 이를 제공
    return this.state.rating;
}


setTemp(rating) { // 위로 마우스 올림
    this.setState({tmpRating: rating});
}


setRating(rating) { // 클릭
    this.setState({
        tmpRating: rating,
        rating: rating,
    });
}


reset() { // 마우스가 벗어남, 원래의 등급으로 복원
    this.setTemp(this.state.rating);
}


componentWillReceiveProps(nextProps) { // 외부 변경에 반응
    this.setRating(nextProps.defaultValue);
}
```

마지막으로 다음 항목을 포함하는 render() 메서드가 있다.

- 1부터 this.props.max까지 별표를 만드는 루프. 별표로는 ☆ 심볼을 이용한다. RatingOn 스타일을 적용하면 별표가 노란색이 된다.

- 실제 폼 입력처럼 작동하면서 (기존 <input>과 같이) 일반적인 방식으로 값을 가져올 수 있게 해주는 숨겨진 입력

```
render() {
  const stars = [];
  for (let i = 1; i <= this.props.max; i++) {
    stars.push(
      <span
        className={i <= this.state.tmpRating ? 'RatingOn' : null}
        key={i}
        onClick={!this.props.readonly && this.setRating.bind(this, i)}
        onMouseOver={!this.props.readonly && this.setTemp.bind(this, i)}
      >
        &#9734;
      </span>);
  }
  return (
    <div
      className={classNames({
        'Rating': true,
        'RatingReadonly': this.props.readonly,
      })}
      onMouseOut={this.reset.bind(this)}
    >
      {stars}
      {this.props.readonly || !this.props.id
        ? null
        : <input
            type="hidden"
            id={this.props.id}
            value={this.state.rating} />
      }
```

```
      </div>
    );
  }
```

이 코드를 보면 bind를 사용한 것이 눈에 띈다. 별표 루프에서 i의 현재 값을 기억한 점은
이해가 되지만, this.reset.bind(this)가 나온 이유는 무엇일까? 이것은 ES 클래스 구문을
이용할 때 필요한 작업으로서, 다음과 같이 세 가지 옵션 중에서 바인딩 방법을 선택할 수
있다.

- 앞서 예제에 나온 this.method.bind(this)

- 자동 바인딩을 수행하는 화살표 함수(예: (_unused_event_) => this.method())

- 생성자에서 한 번 바인드

세 번째 옵션은 다음과 같이 사용할 수 있다.

```
class Comp extents Component {
  constructor(props) {
    this.method = this.method.bind(this);
  }

  render() {
    return <button onClick={this.method}>
  }
}
```

한 가지 장점은 (React.createClass({}))를 이용해 만든 컴포넌트와 마찬가지로) 이전처럼
this.method 참조를 이용할 수 있다는 점이다. 또한 render()가 호출될 때마다 매번
바인딩하지 않고 한 번만 메서드를 바인딩한다는 점도 장점이다. 단점은 컨트롤러에 기본
파트 코드가 늘어난다는 점이다.

〈FormInput〉 "팩터리"

다음은 제공된 프로퍼티에 따라 다른 입력을 생성할 수 있는 범용 〈FormInput〉을 알아보자.
생성된 입력은 모두 일관성 있게 작동한다(필요할 때 getValue()를 제공한다).

검색 앱에서 테스트해보자(그림 6-6).

```
<h2>Form inputs</h2>
<table><tbody>
   <tr>
      <td>Vanilla input</td>
      <td><FormInput /></td>
   </tr>
   <tr>
      <td>Prefilled</td>
      <td><FormInput defaultValue="it's like a default" /></td>
   </tr>
   <tr>
      <td>Year</td>
      <td><FormInput type="year" /></td>
   </tr>
   <tr>
      <td>Rating</td>
      <td><FormInput type="rating" defaultValue={4} /></td>
   </tr>
   <tr>
      <td>Suggest</td>
      <td><FormInput
         type="suggest"
         options={['red', 'green', 'blue']}
         defaultValue="green" />
      </td>
   </tr>
<tr>
   <td>Vanilla textarea</td>
      <td><FormInput type="text" /></td>
   </tr>
</tbody></table>
```

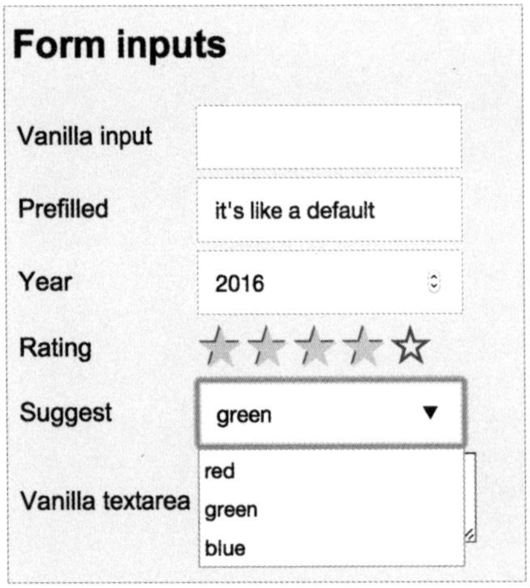

그림 6-6. 폼 입력

⟨FormInput⟩의 구현(*js/source/components/FormInput.js*)에는 유효성 검사용 propTypes와 가져오기^{import}, 내보내기^{export}를 포함하는 일반적인 기본 파트 코드가 필요하다.

```
import Rating from './Rating';
import React, {Component, PropTypes} from 'react';
import Suggest from './Suggest';

class FormInput extends Component {
    getValue() {}
    render() {}
}


FormInput.propTypes = {
    type: PropTypes.oneOf(['year', 'suggest', 'rating', 'text', 'input']),
    id: PropTypes.string,
    options: PropTypes.array, // 자동 완성 <option>과 같음
    defaultValue: PropTypes.any,
};


export default FormInput
```

render() 메서드는 세부 컴포넌트로 위임해 개별 입력을 생성하거나 기본 제공 DOM 요소인 ⟨input⟩이나 ⟨textarea⟩를 생성하는 큰 switch 문이다.

```
render() {
    const common = { // 모두에 적용되는 프로퍼티
        id: this.props.id,
        ref: 'input',
        defaultValue: this.props.defaultValue,
    };
    switch (this.props.type) {
        case 'year':
            return (
                <input
                    {...common}
                    type="number"
                    defaultValue={this.props.defaultValue || new Date().getFullYear()} />
            );
        case 'suggest':
            return <Suggest {...common} options={this.props.options} />;
        case 'rating':
            return (
                <Rating
                    {...common}
                    defaultValue={parseInt(this.props.defaultValue, 10)} />
            );
        case 'text':
            return <textarea {...common} />;
        default:
            return <input {...common} type="text" />;
    }
}
```

ref 프로퍼티가 사용된 것을 볼 수 있는데, 다음과 같이 입력의 값을 가져오는 데 유용하다.

```
getValue() {
    return 'value' in this.refs.input
        ? this.refs.input.value
        : this.refs.input.getValue();
}
```

여기서 this.refs.input은 기반 DOM 요소에 대한 참조다. \<input> 및 \<textarea>와 같은 기본 제공 DOM 요소에서는 (이전 DOM의 document.getElementById('some-input').value를 이용하듯이) this.refs.input.value를 이용해 DOM의 값을 얻는다. 반면 \<Suggest>나 \<Rating>과 같은 고급 커스텀 입력의 경우 각 요소의 getValue() 메서드를 이용하면 된다.

\<Form>

이제 다음과 같은 입력을 사용할 수 있다.

- 커스텀 입력(예: \<Rating>)

- 기본 제공 입력(예: \<textarea>)

- type 프로퍼티를 기준으로 적절한 입력을 생성하는 팩터리인 \<FormInput>

이제 하나의 \<Form> 안에서 이러한 항목을 모두 이용해볼 차례다(그림 6-7).

그림 6-7. 폼

폼 컴포넌트는 재사용이 가능해야 하며, 와인패드 앱에 대한 하드코딩 항목이 없어야 한다. 더 나아가 앱 자체를 다른 품목을 평가하는 데도 이용할 수 있도록 와인에 대한 하드코딩 항목도 없어야 한다. \<Form> 컴포넌트는 fields의 배열을 통해 구성할 수 있다. 여기서 각 필드는 다음과 같이 정의된다.

- 입력 유형(type), 기본값은 "input"

- 나중에 입력을 찾을 수 있게 해주는 id

- 입력 옆에 표시할 label

- 자동 제안 입력에 전달할 선택적인 options

〈Form〉도 기본값의 맵을 받을 수 있으며, 사용자가 편집할 수 없게 읽기 전용으로 렌더링할 수 있다.

```
import FormInput from './FormInput';
import Rating from './Rating';
import React, {Component, PropTypes} from 'react';

class Form extends Component {
    getData() {}
    render() {}
}

Form.propTypes = {
    fields: PropTypes.arrayOf(PropTypes.shape({
        id: PropTypes.string.isRequired,
        label: PropTypes.string.isRequired,
        type: PropTypes.string,
        options: PropTypes.arrayOf(PropTypes.string),
    })).isRequired,
    initialData: PropTypes.object,
    readonly: PropTypes.bool,
};

export default Form
```

PropTypes.shape를 사용한 것을 확인하자. PropTypes.shape는 맵에 포함된 것을 자세하게 지정할 수 있게 해주며 fields: PropTypes.arrayOf(Prop Types.object) 또는 fields: PropTypes.array와 같은 일반화된 지정보다 엄격하므로 다른 프로그래머가 이 컴포넌트를 사용할 때 오류를 더 정확하게 포착할 수 있다.

initialData는 {fieldname: value}의 맵이며 이것도 컴포넌트의 getData()가 반환하는 데이터의 형식이다.

검색 툴에서 ⟨Form⟩을 테스트할 때는 다음 예제를 사용한다.

```
<Form
  fields={[
    {label: 'Rating', type: 'rating', id: 'rateme'},
    {label: 'Greetings', id: 'freetext'},
  ]}
  initialData={ {rateme: 4, freetext: 'Hello'} } />
```

다시 구현으로 돌아오자. 우선 컴포넌트에는 getData()와 render()가 필요하다.

```
getData() {
  let data = {};
  this.props.fields.forEach(field =>
    data[field.id] = this.refs[field.id].getValue()
  );
  return data;
}
```

여기서 볼 수 있듯이 render() 메서드에서 설정한 ref 프로퍼티를 이용해 모든 입력을 대상으로 getValue()를 호출한다.

render() 메서드는 아주 직관적이며 지금까지 설명하지 않은 구문이나 패턴은 사용하지 않는다.

```
render() {
  return (
    <form className="Form">{this.props.fields.map(field => {
      const prefilled = this.props.initialData &&
        this.props.initialData[field.id];
      if (!this.props.readonly) {
        return (
          <div className="FormRow" key={field.id}>
            <label className="FormLabel" htmlFor={field.id}>{field.label}:
```

```
                    </label>
                    <FormInput {...field} ref={field.id} defaultValue={prefilled} />
                </div>
            );
        }
        if (!prefilled) {
            return null;
        }
        return (
            <div className="FormRow" key={field.id}>
                <span className="FormLabel">{field.label}:</span>
                {
                    field.type === 'rating'
                        ? <Rating readonly={true} defaultValue={parseInt(prefilled,
                          10)} />
                        : <div>{prefilled}</div>
                }
            </div>
        );
    }, this)}</form>
    );
}
```

⟨Actions⟩

데이터 테이블의 각 행 옆에는 사용자가 수행할 수 있는 액션으로 삭제, 편집, 보기(모든 정보를 한 행에 표시하지 못한 경우)가 있어야 한다.

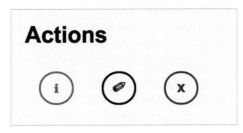

그림 6-8. 액션

검색 툴에서 액션 컴포넌트를 테스트할 때는 다음과 같이 하면 된다.

```
<h2>Actions</h2>
<div><Actions onAction={type => alert(type)} /></div>
```

액션 컴포넌트의 구현은 다음과 같이 아주 직관적이다.

```
import React, {PropTypes} from 'react';

const Actions = props =>
    <div className="Actions">
<span
    tabIndex="0"
    className="ActionsInfo"
    title="More info"
    onClick={props.onAction.bind(null, 'info')}>&#8505;</span>
<span
    tabIndex="0"
    className="ActionsEdit"
    title="Edit"
    onClick={props.onAction.bind(null, 'edit')}>&#10000;</span>
<span
    tabIndex="0"
    className="ActionsDelete"
    title="Delete"
    onClick={props.onAction.bind(null, 'delete')}>x</span>
</div>

Actions.propTypes = {
    onAction: PropTypes.func,
};

Actions.defaultProps = {
    onAction: () => {},
};

export default Actions
```

액션 컴포넌트는 렌더링만 하면 되며 상태를 유지 관리하지 않는 간단한 컴포넌트다. 따라서 return, {}, function 문이 없는, 거의 함수로 인식하기 어려울 정도의 가장 간소한 구문의 화살표 함수를 이용해 상태 비저장 함수형 컴포넌트로 정의할 수도 있다.

컴포넌트의 호출자는 onAction 프로퍼티를 이용해 "액션" 이벤트를 수신할 수 있는데, 이것이 자식이 컴포넌트 내의 변경을 부모에 알릴 수 있는 간단한 패턴이다. 여기서 볼 수 있듯이 커스텀 이벤트(예: onAction, onAlienAttack 등)는 이처럼 아주 간단하다.

대화상자

다음은 alert() 대신 모든 종류의 메시지와 팝업에 사용할 대화상자 컴포넌트다(그림 6–9). 이 컴포넌트를 이용해 모든 추가/편집 폼을 데이터 테이블 위에 모달modal 대화상자로 표시하는 것도 가능하다.

그림 6–9. 대화상자

다음은 그림 6-9에 사용된 예제 코드다.

```
<Dialog
    header="Out-of-the-box example"
    onAction={type => alert(type)}>
        Hello, dialog!
</Dialog>

<Dialog
    header="No cancel, custom button"
    hasCancel={false}
    confirmLabel="Whatever"
    onAction={type => alert(type)}>
        Anything goes here, see:
        <Button>A button</Button>
</Dialog>
```

구현은 <Actions>와 비슷하게 상태를 유지 관리하지 않으며 render()만 있으면 된다. 또한 사용자가 대화상자 아래쪽의 버튼을 클릭하면 onAction 콜백을 이용한다.

```
import Button from './Button';
import React, {Component, PropTypes} from 'react';

class Dialog extends Component {

}

Dialog.propTypes = {
    header: PropTypes.string.isRequired,
    confirmLabel: PropTypes.string,
    modal: PropTypes.bool,
    onAction: PropTypes.func,
    hasCancel: PropTypes.bool,
};

Dialog.defaultProps = {
    confirmLabel: 'ok',
```

```
      modal: false,
      onAction: () => {},
      hasCancel: true,
    };


export default Dialog
```

다만 이 컴포넌트는 두 개의 수명 주기 메서드를 추가로 정의해야 하므로 화살표 함수가 아닌
클래스로 정의한다.

```
componentWillUnmount() {
    document.body.classList.remove('DialogModalOpen');
}


componentDidMount() {
    if (this.props.modal) {
        document.body.classList.add('DialogModalOpen');
    }
}
```

컴포넌트는 문서에 스타일을 적용(회색으로 표시)하기 위해 문서의 본문에 클래스 이름을
추가하는데, 모달 대화상자를 구축하려면 이 과정이 필요하다.

마지막으로 render() 메서드가 모달 래퍼, 상단, 본문, 하단을 구성한다. 본문에는 일반
텍스트는 물론 다른 어떤 컴포넌트라도 별다른 제한 없이 포함할 수 있다.

```
render() {
    return (
        <div className={this.props.modal ? 'Dialog DialogModal' : 'Dialog'}>
            <div className={this.props.modal ? 'DialogModalWrap' : null}>
                <div className="DialogHeader">{this.props.header}</div>
                <div className="DialogBody">{this.props.children}</div>
                <div className="DialogFooter">
                    {this.props.hasCancel
                        ? <span
                            className="DialogDismiss"
```

```
                        onClick={this.props.onAction.bind(this, 'dismiss')}>
                        Cancel
                    </span>
                : null
            }
            <Button onClick={this.props.onAction.bind(this,
                this.props.hasCancel ? 'confirm' : 'dismiss')}>
                    {this.props.confirmLabel}
                </Button>
            </div>
        </div>
    </div>
    );
}
```

다음과 같은 다른 방법을 고려해볼 수 있다.

- 단일 onAction 대신 onConfirm(사용자가 확인 버튼을 클릭)과 onDismiss를 제공할 수도 있다.

- 사용자가 Esc 키를 누르면 대화상자를 닫는 기능을 추가해 환경을 개선할 수 있다. 이 기능을 구현하려면 어떻게 해야 할까?

- 래퍼 div에는 조건적 클래스 이름과 무조건적 클래스 이름이 있다. 다음과 같이 classnames 모듈을 사용하면 컴포넌트를 개선할 수 있다.

전:

```
<div className={this.props.modal ? 'Dialog DialogModal' : 'Dialog'}>
```

후:

```
<div className={classNames({
    'Dialog': true,
    'DialogModal': this.props.modal,
})}>
```

앱 구성

이제 저수준 컴포넌트는 모두 완성했고, 현재는 새로 개선된 Excel 데이터 테이블과 최상위 Whinepad의 두 컴포넌트만 남았다. 두 컴포넌트를 구성하는 데는 앱에서 처리하려는 데이터 형식을 설명하는 "스키마" 객체를 이용한다. 다음 예제(*js/source/schema.js*)를 보면서 스키마 객체에 대해 자세히 알아보자.

```js
import classification from './classification';

export default [
  {
    id: 'name',
    label: 'Name',
    show: true, // `Excel` 테이블에 표시 여부
    sample: '$2 chuck',
    align: 'left', // `Excel` 내 정렬
  },
  {
    id: 'year',
    label: 'Year',
    type: 'year',
    show: true,
    sample: 2015,
  },
  {
    id: 'grape',
    label: 'Grape',
    type: 'suggest',
    options: classification.grapes,
    show: true,
    sample: 'Merlot',
    align: 'left',
  },
  {
    id: 'rating',
    label: 'Rating',
    type: 'rating',
```

```
        show: true,
        sample: 3,
    },
    {
        id: 'comments',
        label: 'Comments',
        type: 'text',
        sample: 'Nice for the price',
    },
]
```

이 예제는 변수 하나를 내보내는 가장 단순한 ECMAScript 모듈이라고 할 수 있다. 이 모듈에서는 폼을 미리 채우기 위한 긴 옵션을 포함하는 다른 간단한 모듈(*js/source/classification.js*)도 가져온다.

```
export default {
    grapes: [
        'Baco Noir',
        'Barbera',
        'Cabernet Franc',
        'Cabernet Sauvignon',
        // ....
    ],
}
```

이제 앱에서 처리할 데이터 형식을 구성하는 데 스키마 모듈의 도움을 받을 수 있다.

새로 개선된 〈Excel〉

3장에서 만든 Excel 컴포넌트는 기능이 너무 많았다. 이번에는 컴포넌트의 재사용성을 높이기 위해 검색(최상위 〈Whinepad〉로 이동)과 내려받기(원하면 유지할 수 있음) 기능을 제거해보자. 새로운 Excel 컴포넌트는 CRUD 기능 중 "RUD" 부분에 초점을 맞춘 편집만 가능한 테이블이다(그림 6-10). 테이블의 데이터가 변경되면 onDataChange 프로퍼티를 이용해 부모 Whinepad로 알림을 보낼 수 있다.

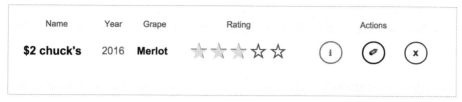

그림 6-10. Excel

Whinepad 컴포넌트는 검색과 CRUD 기능의 "C" 부분(새 항목 생성), 그리고 localStorage를 이용한 데이터의 영구 저장을 맡아야 한다. (실무 앱의 경우 서버에 저장하는 기능도 필요할 수 있다.)

두 컴포넌트는 schema 맵을 이용해 데이터 형식을 구성한다.

다음은 Excel의 전체 구현이다. 몇 가지 기능상의 차이는 있지만 3장에서 제작한 컴포넌트와 비슷하다.

```
import Actions from './Actions';
import Dialog from './Dialog';
import Form from './Form';
import FormInput from './FormInput';
import Rating from './Rating';
import React, {Component, PropTypes} from 'react';
import classNames from 'classnames';

class Excel extends Component {

  constructor(props) {
    super(props);
    this.state = {
      data: this.props.initialData,
      sortby: null, // schema.id
      descending: false,
      edit: null, // [행 인덱스, schema.id],
      dialog: null, // {형식, idx}
    };
  }
```

```
componentWillReceiveProps(nextProps) {
    this.setState({data: nextProps.initialData});
}

_fireDataChange(data) {
    this.props.onDataChange(data);
}

_sort(key) {
    let data = Array.from(this.state.data);
    const descending = this.state.sortby === key && !this.state.descending;
    data.sort(function(a, b) {
        return descending
            ? (a[column] < b[column] ? 1 : -1)
            : (a[column] > b[column] ? 1 : -1);
    });
    this.setState({
        data: data,
        sortby: key,
        descending: descending,
    });
    this._fireDataChange(data);
}

_showEditor(e) {
    this.setState({edit: {
        row: parseInt(e.target.dataset.row, 10),
        key: e.target.dataset.key,
    }});
}

_save(e) {
    e.preventDefault();
    const value = this.refs.input.getValue();
    let data = Array.from(this.state.data);
    data[this.state.edit.row][this.state.edit.key] = value;
    this.setState({
```

```
      edit: null,
      data: data,
    });
    this._fireDataChange(data);
}


_actionClick(rowidx, action) {
    this.setState({dialog: {type: action, idx: rowidx}});
}


_deleteConfirmationClick(action) {
    if (action === 'dismiss') {
        this._closeDialog();
        return;
    }
    let data = Array.from(this.state.data);
    data.splice(this.state.dialog.idx, 1);
    this.setState({
        dialog: null,
        data: data,
    });
    this._fireDataChange(data);
}


_closeDialog() {
    this.setState({dialog: null});
}


_saveDataDialog(action) {
    if (action === 'dismiss') {
        this._closeDialog();
        return;
    }
    let data = Array.from(this.state.data);
    data[this.state.dialog.idx] = this.refs.form.getData();
    this.setState({
        dialog: null,
```

```
      data: data,
    });
    this._fireDataChange(data);
  }

  render() {
    return (
      <div className="Excel">
        {this._renderTable()}
        {this._renderDialog()}
      </div>
    );
  }

  _renderDialog() {
    if (!this.state.dialog) {
      return null;
    }
    switch (this.state.dialog.type) {
      case 'delete':
        return this._renderDeleteDialog();
      case 'info':
        return this._renderFormDialog(true);
      case 'edit':
        return this._renderFormDialog();
      default:
        throw Error(`Unexpected dialog type ${this.state.dialog.type}`);
    }
  }

  _renderDeleteDialog() {
    const first = this.state.data[this.state.dialog.idx];
    const nameguess = first[Object.keys(first)[0]];
    return (
      <Dialog
        modal={true}
        header="Confirm deletion"
```

```
              confirmLabel="Delete"
              onAction={this._deleteConfirmationClick.bind(this)}
        >
              {`Are you sure you want to delete "${nameguess}"?`}
        </Dialog>
      );
}


_renderFormDialog(readonly) {
    return (
      <Dialog
          modal={true}
          header={readonly ? 'Item info' : 'Edit item'}
          confirmLabel={readonly ? 'ok' : 'Save'}
          hasCancel={!readonly}
          onAction={this._saveDataDialog.bind(this)}
      >
          <Form
              ref="form"
              fields={this.props.schema}
              initialData={this.state.data[this.state.dialog.idx]}
              readonly={readonly} />
      </Dialog>
    );
}


_renderTable() {
    return (
      <table>
        <thead>
          <tr>{
              this.props.schema.map(item => {
                  if (!item.show) {
                      return null;
                  }
                  let title = item.label;
                  if (this.state.sortby === item.id) {
```

```
                  title += this.state.descending ? ' \u2191' : ' \u2193';
                }
                return (
                  <th
                    className={`schema-${item.id}`}
                    key={item.id}
                    onClick={this._sort.bind(this, item.id)}
                  >
                    {title}
                  </th>
                );
              }, this)
            }
            <th className="ExcelNotSortable">Actions</th>
          </tr>
        </thead>
        <tbody onDoubleClick={this._showEditor.bind(this)}>
          {this.state.data.map((row, rowidx) => {
            return (
              <tr key={rowidx}>{
                Object.keys(row).map((cell, idx) => {
                  const schema = this.props.schema[idx];
                  if (!schema || !schema.show) {
                    return null;
                  }
                  const isRating = schema.type === 'rating';
                  const edit = this.state.edit;
                  let content = row[cell];
                  if (!isRating && edit && edit.row === rowidx &&
                    edit.key === schema.id) {
                    content = (
                      <form onSubmit={this._save.bind(this)}>
                        <FormInput ref="input" {...schema}
                        defaultValue={content} />
                      </form>
                    );
                  } else if (isRating) {
```

```
                        content = <Rating readonly={true}
                            defaultValue={Number(content)} />;
                    }
                    return (
                        <td
                            className={classNames({
                                [`schema-${schema.id}`]: true,
                                'ExcelEditable': !isRating,
                                'ExcelDataLeft': schema.align === 'left',
                                'ExcelDataRight': schema.align === 'right',
                                'ExcelDataCenter': schema.align !== 'left' &&
                                    schema.align !== 'right',
                            })}
                            key={idx}
                            data-row={rowidx}
                            data-key={schema.id}>
                            {content}
                        </td>
                    );
                }, this)}
                <td className="ExcelDataCenter">
                    <Actions onAction={this._actionClick.bind(this, rowidx)} />
                </td>
            </tr>
        );
    }, this)}
    </tbody>
    </table>
    );
  }
}

Excel.propTypes = {
    schema: PropTypes.arrayOf(
        PropTypes.object
    ),
    initialData: PropTypes.arrayOf(
```

```
        PropTypes.object
    ),
    onDataChange: PropTypes.func,
};


export default Excel
```

몇 가지 좀 더 자세히 알아볼 부분이 있다.

```
render() {
    return (
        <div className="Excel">
            {this._renderTable()}
            {this._renderDialog()}
        </div>
    );
}
```

컴포넌트는 테이블과 (경우에 따라) 대화상자를 렌더링한다. 대화상자는 삭제 여부를
사용자에게 확인하거나 항목을 편집 또는 표시하는 용도로 사용된다. 또는 기본 상태인
경우 대화상자가 없을 수 있다. this.state의 dialog 프로퍼티를 설정하면 컴포넌트가 다시
렌더링되며 필요에 따라 대화상자도 렌더링된다.

그리고 사용자가 <Action> 버튼 중 하나를 클릭하면 상태의 dialog 프로퍼티를 설정한다.

```
_actionClick(rowidx, action) {
    this.setState({dialog: {type: action, idx: rowidx}});
}
```

(this.setState({data: /**/})를 통해) 테이블의 데이터가 변경되면 변경 이벤트를 생성해
부모가 알림을 받고 영구 저장소를 업데이트할 수 있게 한다.

```
_fireDataChange(data) {
    this.props.onDataChange(data);
}
```

반대 방향의 통신(부모 Whinepad에서 자식 Excel로)은 부모가 initialData 프로퍼티를 변경하는 방법으로 수행된다. Excel은 다음과 같이 이러한 변경에 대응하도록 작성됐다.

```
componentWillReceiveProps(nextProps) {
    this.setState({data: nextProps.initialData});
}
```

데이터 입력 폼(그림 6-11)이나 데이터 뷰(그림 6-12)를 만들 때는 Form 하나를 포함하는 Dialog를 열면 된다. 폼의 데이터 구성은 schema에서 얻으며, 데이터 입력은 this.state.data에서 얻는다.

```
_renderFormDialog(readonly) {
    return (
        <Dialog
            modal={true}
            header={readonly ? 'Item info' : 'Edit item'}
            confirmLabel={readonly ? 'ok' : 'Save'}
            hasCancel={!readonly}
            onAction={this._saveDataDialog.bind(this)}
        >
            <Form
                ref="form"
                fields={this.props.schema}
                initialData={this.state.data[this.state.dialog.idx]}
                readonly={readonly} />
        </Dialog>
    );
}
```

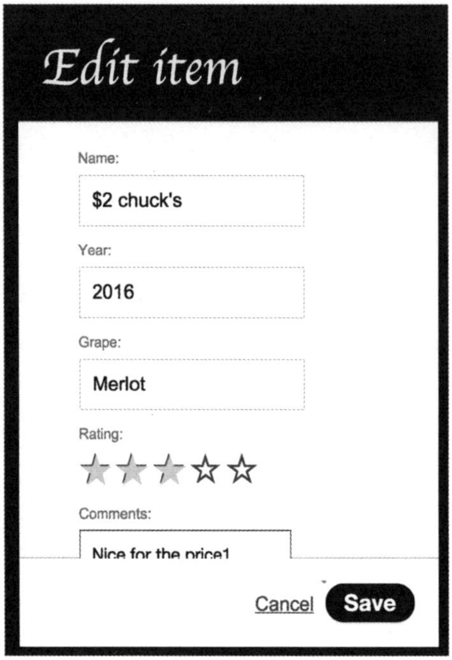

그림 6-11. 데이터 편집 대화상자(CRUD의 U)

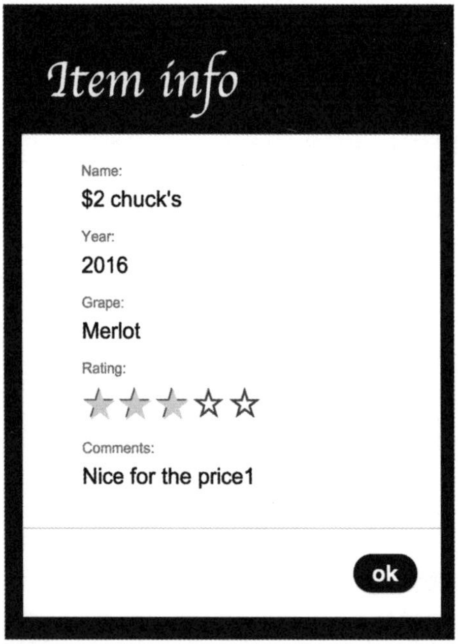

그림 6-12. 데이터 뷰 대화상자(CRUD의 R)

사용자가 편집을 끝내면 상태를 업데이트한 후 구독자에 편집 완료를 알린다.

```
_saveDataDialog(action) {
    if (action === 'dismiss') {
        this._closeDialog(); // this.state.dialog를 null로 설정하기만 한다.
        return;
    }
    let data = Array.from(this.state.data);
    data[this.state.dialog.idx] = this.refs.form.getData();
    this.setState({
        dialog: null,
        data: data,
    });
    this._fireDataChange(data);
}
```

새로운 ES 구문과 관련해서는 내용이 많지 않지만 템플릿 문자열이 집중적으로 사용됐다.

```
// 전
"Are you sure you want to delete " + nameguess + "?"
```

```
// 후
{`Are you sure you want to delete "${nameguess}"?`}
```

클래스 이름에 템플릿을 사용한 것도 확인해두자. 다음과 같이 schema에서 얻은 ID를 추가해 데이터 테이블을 커스터마이즈할 수 있다.

```
// 전
<th className={"schema-" + item.id}}>
```

```
// 후
<th className={`schema-${item.id}`}>
```

대괄호 []를 통해 객체의 프로퍼티 이름으로 템플릿 문자열을 사용한 부분은 가장 특이한 구문이라고 할 수 있다. 리액트와는 무관하지만, 템플릿 문자열을 이용해 다음과 같은 구문도 작성할 수 있다.

```
{
  [`schema-${schema.id}`]: true,
  'ExcelEditable': !isRating,
  'ExcelDataLeft': schema.align === 'left',
  'ExcelDataRight': schema.align === 'right',
  'ExcelDataCenter': schema.align != 'left' && schema.align != 'right',
}
```

〈Whinepad〉

마지막으로 지금까지 나온 컴포넌트의 부모를 만들 차례다(그림 6-13). 이 컴포넌트는 Excel 테이블 컴포넌트보다 간단하며 의존성의 수도 적다.

```
import Button from './Button'; // <- "새 항목 추가"에 사용
import Button from './Button'; // <- "새 항목 추가" 폼을 여는 데 사용
import Excel from './Excel'; // <- 모든 항목을 포함하는 테이블
import Form from './Form'; // <- "새 항목 추가" 폼
import React, {Component, PropTypes} from 'react';
```

그림 6-13. 와인패드 작동 화면, CRUD의 "C" 부분

이 컴포넌트는 데이터 schema와 기존 항목의 두 프로퍼티를 받는다.

```
Whinepad.propTypes = {
    schema: PropTypes.arrayOf(
        PropTypes.object
    ),
    initialData: PropTypes.arrayOf(
        PropTypes.object
    ),
};


export default Whinepad;
```

Whinepad의 구현은 그래도 Excel의 구현보다는 간단하다.

```
class Whinepad extends Component {

    constructor(props) {
        super(props);
        this.state = {
            data: props.initialData,
            addnew: false,
        };
        this._preSearchData = null;
    }


    _addNewDialog() {
        this.setState({addnew: true});
    }


    _addNew(action) {
        if (action === 'dismiss') {
        this.setState({addnew: false});
        return;
    }
        let data = Array.from(this.state.data);
        data.unshift(this.refs.form.getData());
```

```
      this.setState({
        addnew: false,
        data: data,
    });
      this._commitToStorage(data);
}

    _onExcelDataChange(data) {
      this.setState({data: data});
      this._commitToStorage(data);
    }

    _commitToStorage(data) {
      localStorage.setItem('data', JSON.stringify(data));
    }

    _startSearching() {
      this._preSearchData = this.state.data;
    }

    _doneSearching() {
      this.setState({
        data: this._preSearchData,
      });
    }

    _search(e) {
      const needle = e.target.value.toLowerCase();
      if (!needle) {
        this.setState({data: this._preSearchData});
        return;
      }
      const fields = this.props.schema.map(item => item.id);
      const searchdata = this._preSearchData.filter(row => {
        for (let f = 0; f < fields.length; f++) {
          if (row[fields[f]].toString().toLowerCase().indexOf(needle) > -1) {
            return true;
```

```
          }
       }
       return false;
    });
    this.setState({data: searchdata});
  }


  render() {
    return (
      <div className="Whinepad">
        <div className="WhinepadToolbar">
          <div className="WhinepadToolbarAdd">
            <Button
              onClick={this._addNewDialog.bind(this)}
              className="WhinepadToolbarAddButton">
              + add
            </Button>
          </div>
          <div className="WhinepadToolbarSearch">
            <input
              placeholder="Search..."
              onChange={this._search.bind(this)}
              onFocus={this._startSearching.bind(this)}
              onBlur={this._doneSearching.bind(this)} />
          </div>
        </div>
        <div className="WhinepadDatagrid">
          <Excel
            schema={this.props.schema}
            initialData={this.state.data}
            onDataChange={this._onExcelDataChange.bind(this)} />
        </div>
        {this.state.addnew
          ? <Dialog
              modal={true}
              header="Add new item"
              confirmLabel="Add"
```

```
              onAction={this._addNew.bind(this)}
          >
              <Form
                  ref="form"
                  fields={this.props.schema} />
          </Dialog>
        : null}
      </div>
    );
  }
}
```

Excel의 데이터 변경에 대한 알림을 받기 위해 onDataChange를 이용했다는 점을 확인하자.
또한 모든 데이터가 단순하게 localStorage에 저장된다는 점도 중요하다.

```
_commitToStorage(data) {
  localStorage.setItem('data', JSON.stringify(data));
}
```

데이터를 클라이언트만이 아니라 서버에도 저장하려면 이 위치에서 비동기 요청(XHR,
XMLHttpRequest, Ajax)을 수행할 수 있다.

마무리

이 앱의 주 진입점은 앞부분에서 확인했듯이 *app.js*다. *app.js* 스크립트는 컴포넌트나
모듈이 아니며, 아무것도 내보내지 않고 localStorage에서 기존 데이터를 읽고 <Whinepad>
컴포넌트를 설정하는 초기화 작업만 수행한다.

```
'use strict';

import Logo from './components/Logo';
import React from 'react';
import ReactDOM from 'react-dom';
import Whinepad from './components/Whinepad';
import schema from './schema';
```

```
let data = JSON.parse(localStorage.getItem('data'));

// 기본 예제 데이터, 스키마에서 읽음
if (!data) {
  data = {};
  schema.forEach(item => data[item.id] = item.sample);
  data = [data];
}

ReactDOM.render(
  <div>
    <div className="app-header">
      <Logo /> Welcome to Whinepad!
    </div>
    <Whinepad schema={schema} initialData={data} />
  </div>,
  document.getElementById('pad')
);
```

이것으로 앱이 모두 완성됐다. http://whinepad.com에서 앱을 직접 작동해볼 수 있고
https://github.com/stoyan/reactbook/에서 소스코드를 볼 수 있다.

07

린트, 플로우,
테스트, 반복

8장에서는 onDataChange와 같은 방법을 대신해 컴포넌트 간의 통신을 관리하는 방법의 대안으로 플럭스를 소개한다. 즉, 앞으로 리팩터링이 필요하다. 그런데 리팩터링하기 전에 앱에 남아 있을 수 있는 오류를 좀 더 줄이면 좋지 않을까? 7장에서는 앱이 성장하고 발전하는 동안 앱의 온전성을 유지하도록 도와주는 툴 중에서 ESLint, 플로우, 제스트를 소개한다.

그보다 먼저 *package.json*이라는 공통 필수 조건에 대해 확인해보자.

package.json

npm을 이용해 타사 라이브러리와 툴을 설치하는 방법은 이미 소개했다. 또한 npm은 프로젝트를 패키징하고 http://npmjs.com에서 다른 사용자들과 공유할 수 있게 해준다. 그런데 반드시 코드를 npmjs.com에 올려야 npm의 기능을 사용할 수 있는 것은 아니다.

패키징 작업의 중심에는 앱의 루트에 넣고 의존성과 다른 추가 툴을 구성하는 데 사용할 수 있는 *package.json* 파일이 있다. *package.json*에서 수행할 수 있는 설정은 아주 방대하다(자세한 내용은 https://docs.npmjs.com/files/package.json을 참고한다). 여기서는 *package.json*에서 지정 가능한 설정보다는 간단한 사용법에 초점을 맞춘다.

우선 앱의 디렉터리에 *package.json*이라는 새 파일을 만든다.

```
$ cd ~/reactbook/whinepad2
$ touch package.json
```

그리고 파일에 다음과 같은 내용을 추가한다.

```
{
    "name": "whinepad",
    "version": "2.0.0",
}
```

일단은 이것으로 끝이다. 다음은 이 파일에 다른 구성을 추가해보자.

바벨 구성

5장에서 소개한 build.sh 스크립트는 다음과 같이 바벨을 실행한다.

```
$ babel --presets react,es2015 js/source -d js/build
```

사전 설정된 구성을 다음과 같이 *package.json*에 저장할 수 있다.

```
{
    "name": "whinepad",
    "version": "2.0.0",
    "babel":{
        "presets":[
            "es2015",
            "react"
        ]
    },
}
```

이제부터는 더 간단한 명령으로 바벨을 실행할 수 있다.

```
$ babel js/source -d js/build
```

바벨을 비롯한 자바스크립트 생태계의 다양한 툴은 *package.json* 파일이 있는지 확인한 후 이 파일에서 구성 옵션을 가져온다.

스크립트

npm run [스크립트] [이름] 형식을 이용해 스크립트를 설정하고 실행할 수 있다. 3장에서 사용한 *./scripts/watch.sh*를 다음과 같이 *package.json*으로 옮겨보자.

```
{
    "name": "whinepad",
    "version": "2.0.0",
    "babel": {/* ... */},
    "scripts":{
```

```
    "watch": "watch \"sh scripts/build.sh\" js/source css/"
  }
}
```

이제 다음과 같이 코드를 빌드할 수 있다.

```
# 전
$ sh ./scripts/watch.sh

# 후
$ npm run watch
```

여기에 만족하지 않는다면 *build.sh* 자체를 *package.json*으로 옮겨서 더 간소화할 수 있다. 또한 *package.json*에서 구성할 수 있는 전용 빌드 툴(그런트, 걸프 등)을 이용하는 방법도 있다. 아쉽지만 리액트에 초점을 맞추기 위해 *package.json*에 대한 내용은 이것으로 마무리한다.

ESLint

ESLint는 코드에 잠재적인 위험이 될 수 있는 패턴을 검색할 수 있는 툴이다. 또한 들어쓰기나 다른 공백의 이용과 같은 코드 기반의 일관성을 유지하도록 도와주며, 간단한 오타나 사용되지 않는 변수 등을 찾는 것도 도와준다. 또한 빌드 프로세스의 일부분으로 함께 실행하는 것은 물론, 소스 관리 시스템과 텍스트 편집기에 통합해서 소스를 작업하는 동안 항상 손쉽게 사용할 수 있게 하는 것이 좋다.

설정

ESLint 자체 외에도 ESLint가 최신 ECMAScript 구문을 이해하고 JSX와 리액트 전용 "규칙"을 이해할 수 있게 하려면 리액트와 바벨 플러그인이 필요하다.

```
$ npm i -g eslint eslint-plugin-react eslint-plugin-babel
```

다음과 같이 eslintConfig를 *package.json*에 추가한다.

```
{
  "name": "whinepad",
  "version": "2.0.0",
  "babel": {},
  "scripts": {},
  "eslintConfig":{
    "parser": "babel-eslint",
    "plugins":[
      "babel",
      "react"
    ],
  }
}
```

실행

다음과 같이 한 파일을 대상으로 ESLint를 실행할 수 있다.

```
$ eslint js/source/app.js
```

이 명령은 오류 없이 실행될 것이다. 이것은 ESLint가 JSX와 다른 특이한 구문을 모두 이해했다는 뜻이지만, 아직 특정한 규칙을 이용해 유효성을 검사하지는 않았다. ESLint는 규칙을 이용해 검사를 수행한다. 먼저 ESLint가 권장하는 규칙의 컬렉션으로 검사할 수 있다.

```
"eslintConfig": {
  "parser": "babel-eslint",
  "plugins": [],
  "extends": "eslint:recommended"
}
```

이번에는 몇 가지 오류가 발견된다.

```
$ eslint js/source/app.js
/Users/stoyanstefanov/reactbook/whinepad2/js/source/app.js
```

```
  4:8  error  "React" is defined but never used  no-unused-vars
  9:23  error  "localStorage" is not defined  no-undef
  25:3  error  "document" is not defined  no-undef
```

```
x 3 problems (3 errors, 0 warnings)
```

두 번째와 세 번째 메시지는 정의되지 않은 변수(no-undef라는 규칙에 의해 검사됨)에 대한 것이지만 이들 변수는 브라우저에서 전역으로 이용 가능한 것이므로, 다음과 같이 간단한 구성으로 해결된다.

```
"env": {
    "browser": true
}
```

첫 번째 오류는 리액트와 관련된 것이다. 한편으로는 React를 포함해야 하지만 ESLint의 관점에서는 사용되지 않는 불필요한 변수가 있는 것처럼 보인다. 다음과 같이 eslint-plugin-react의 규칙 하나를 추가하면 문제가 해결된다.

```
"rules": {
    "react/jsx-uses-react": 1
}
```

schema.js 스크립트를 대상으로 실행하면 다른 유형의 오류가 나온다.

```
$ eslint js/source/schema.js

/Users/stoyanstefanov/reactbook/whinepad2/js/source/schema.js
  9:18 error Unexpected trailing comma comma-dangle
  16:17 error Unexpected trailing comma comma-dangle
  25:18 error Unexpected trailing comma comma-dangle
  32:14 error Unexpected trailing comma comma-dangle
  38:33 error Unexpected trailing comma comma-dangle
  39:4 error Unexpected trailing comma comma-dangle

x 6 problems (6 errors, 0 warnings)
```

매달린 쉼표$^{\text{dangling comma}}$(let a = [1]가 아닌 let a = [1,])는 잘못된 것으로 간주되지만(일부 브라우저에서는 구문 오류로 표시하기도 했음), 업데이트하기 쉽고 소스 관리 시스템에서의 "블레임"을 유지 관리하는 데 도움이 되기도 한다. 다음과 같이 항상 쉼표를 사용하는 것을 문제로 간주하지 않게 구성할 수 있다.

```
"rules": {
  "comma-dangle": [2, "always-multiline"],
  "react/jsx-uses-react": 1
}
```

전체 규칙

전체 규칙 목록을 보려면 이 책의 코드 리포지토리(https://github.com/stoyan/reactbook/)를 참고한다. 이 목록은 리액트 라이브러리 자체 규칙의 복사본이다.

마지막으로 다음과 같이 ESLint를 *build.sh*의 일부로 추가해 항상 코드의 품질을 일관성 있게 유지할 수 있게 한다.

```
# 품질 관리
eslint js/source
```

플로우

플로우^{Flow}는 자바스크립트용 정적 형식 검사기(static type-checker)다. 자바스크립트의 형식에 대한 개발자들의 의견은 두 가지로 나뉜다.

한쪽에서는 프로그램이 유효한 데이터를 가지고 작업하도록 항상 누군가 감시하는 것을 긍정적으로 본다. 린팅이나 단위 테스트와 마찬가지로 형식 검사는 여러분이 검사하지 않은 곳(또는 중요하게 여기지 않은 곳)에서 문제가 발생하는 것을 어느 정도 예방해준다. 형식 검사는 애플리케이션이 성장하면서 어쩔 수 없이 코드를 수정하는 사람들이 늘어날 때 더 가치가 높아진다.

다른 한쪽에서는 자바스크립트의 동적이고 형식 지정이 없는 특징이 장점이라고 생각하며 가끔 필요한 형식 변환을 귀찮게 여긴다.

물론 이 툴을 사용할지 여부는 여러분과 팀에서 결정할 일이지만, 살펴볼 가치는 충분하다.

설정

```
$ npm install -g flow-bin
$ cd ~/reactbook/whinepad2
$ flow init
```

이 init 명령은 디렉터리에 빈 *.flowconfig* 파일을 생성한다. 이 파일에 다음과 같이 ignore와 include 절을 추가한다.

```
[ignore]
.*/react/node_modules/.*

[include]
node_modules/react
node_modules/react-dom
node_modules/classnames

[libs]

[options]
```

실행

다음과 같이 입력해 실행한다.

```
$ flow
```

또는 한 파일이나 디렉터리만 검사한다.

```
$ flow js/source/app.js
```

마지막으로 빌드 스크립트에 품질 관리(QA) 프로세스의 일부로 추가한다.

```
# 품질 관리
eslint js/source
flow
```

형식 검사 사용하기

형식 검사를 사용하려면 파일의 첫 번째 주석에 @flow라는 텍스트를 넣어야 하며, 그렇지 않으면 형식 검사를 하지 않는다. 다시 말해 형식 검사는 완전히 선택적이다.

6장에서 작성한 가장 간단한 〈Button〉 컴포넌트에 형식 검사를 적용해보자.

```
/* @flow */

import classNames from 'classnames';
import React, {PropTypes} from 'react';

const Button = props =>
  props.href
    ? <a {...props} className={classNames('Button', props.className)} />
    : <button {...props} className={classNames('Button', props.className)} />

Button.propTypes = {
  href: PropTypes.string,
};

export default Button
```

그리고 다음과 같이 플로우를 실행한다.

```
$ flow js/source/components/Button.js
js/source/components/Button.js:6
  6: const Button = props =>
                    ^^^^^ parameter `props`. Missing annotation

Found 1 error
```

오류가 하나 있지만 나쁘게 볼 필요는 없다. 코드를 개선할 수 있는 기회가 생긴 것이니까! 여기서 플로우는 props 인수가 무엇인지 알 수 없다고 지적한다.

플로우는 다음과 같은 함수를

```
function sum(a, b) {
  return a + b;
}
```

다음과 같이 작성해

```
function sum(a: number, b: number): number {
  return a + b;
}
```

다음과 같이 예기치 않은 결과를 얻지 않게 해준다.

```
sum('1' + 2); // "12"
```

⟨Button⟩ 수정하기

함수가 받는 props 인수는 객체다. 즉, 다음과 같이 하면

```
const Button = (props: Object) =>
```

더 이상 플로우에서 오류를 보고하지 않는다.

```
$ flow js/source/components/Button.js
No errors!
```

Object 표기로도 충분하지만 커스텀 형식을 만들어 이 객체에 무엇이 들어가는지를 더 세부적으로 지정할 수 있다.

```
type Props = {
  href: ?string,
};
```

```
const Button = (props: Props) =>
  props.href
    ? <a {...props} className={classNames('Button', props.className)} />
    : <button {...props} className={classNames('Button', props.className)} />

export default Button
```

여기서 볼 수 있듯이, 커스텀 형식을 사용하면 리액트의 propTypes 정의를 대체할 수 있다. 여기에는 다음과 같은 의미가 있다.

- 런타임 형식 검사가 사라진다. 결과적으로 런타임에 코드가 약간 더 빠르게 실행된다.
- 클라이언트로 보낼 코드가 약간 줄어든다(바이트 감소).

또한 프로퍼티 형식이 컴포넌트 맨 위로 돌아오면서 편리한 컴포넌트 설명서 역할을 하는 장점도 있다.

href: ?string에 있는 물음표는 이 프로퍼티가 null일 수 있다는 뜻이다.

 그런데 이제는 propTypes가 없기 때문에 ESLint가 PropTypes 변수가 사용되지 않는다고 지적한다. 즉, 다음 행을

```
import React, {PropTypes} from 'react';
```

다음과 같이 수정한다.

```
import React from 'react';
```

똑똑한 ESLint가 사소한 실수를 예방하는 게 정말 든든하지 않은가?

플로우를 실행하면 다른 오류가 나온다.

```
$ flow js/source/components/Button.js
js/source/components/Button.js:12

  12:     ? <a {...props} className={classNames('Button', props.className)} />
                                                          ^^^^^^^^^
```

```
property `className`.
```

```
                                              Property not
  found in
  12:       ? <a {...props} className={classNames('Button', props.className)} />
  ^^^^^ object type
```

이 오류가 나오는 이유는 플로우가 prop 객체에서 className을 발견할지 예상하지 못했기 때문이다. 문제를 해결하려면 새로운 형식에 className을 추가한다.

```
type Props = {
  href: ?string,
  className: ?string,
};
```

app.js

플로우로 주 컴포넌트인 *app.js*를 검사하면 몇 가지 문제가 보고된다.

```
$ flow js/source/app.js
js/source/app.js:11
  11: let data = JSON.parse(localStorage.getItem('data'));
                           ^^^^^^^^^^^^^^^^^^^^^^^^^^^^^^^ call of method `getItem`
  11: let data = JSON.parse(localStorage.getItem('data'));
                           ^^^^^^^^^^^^^^^^^^^^^^^^^^^^^^^ null. This type is
  incompatible with
  383:      static parse(text: string, reviver?: (key: any, value: any) => any):
  any;
                            ^^^^^^ string. See lib: /private/tmp/flow/flow
  lib_28f8ac7e/core.js:383
```

플로우는 JSON.parse()에 문자열만 전달한다고 예상하고 친절하게 parse()의 시그니처를 보여준다. 그런데 localStorage에서 null을 얻을 수 있으므로 허용할 수 없다. 쉽게 해결하는 방법은 기본값을 추가하는 것이다.

```
let data = JSON.parse(localStorage.getItem('data') || '');
```

그런데 JSON.parse('')는 형식 검사에서는 문제가 없지만 브라우저에서 허용하지 않는다. JSON 인코딩 데이터에서는 빈 문자열이 허용되지 않기 때문이다. 플로우와 브라우저에서 모두 문제가 생기지 않게 하려면 코드를 약간 수정해야 한다.

형식을 처리하는 것이 귀찮을 수 있다는 것을 알 수 있지만, 플로우를 이용하면 주고받는 값에 대해 신중하게 생각하게 되는 장점이 있다.

app.js 코드에서 관련된 부분은 다음과 같다.

```
let data = JSON.parse(localStorage.getItem('data'));

// 기본 예제 데이터, 스키마에서 읽음
if (!data) {
  data = {};
  schema.forEach((item) => data[item.id] = item.sample);
  data = [data];
}
```

이 코드의 다른 문제는 데이터가 배열이었다가 객체가 되고, 다시 배열이 된다는 점이다. 자바스크립트에서는 이것을 문제 삼지 않지만 값의 형식이 바뀌는 것은 확실히 좋게 보이지 않는다. 브라우저의 자바스크립트 엔진은 코드를 최적화하기 위해 내부적으로 형식을 할당한다. 따라서 사용 중에 형식을 바꾸면 브라우저가 "최적화" 모드를 중단하므로 당연히 성능이 저하된다.

이러한 문제를 모두 해결해보자.

좀 더 엄격하게 data를 객체의 배열로 정의할 수 있다.

```
let data: Array<Object>;
```

그런 다음 저장된 항목을 storage라는 문자열(또는 ?가 있으므로 null)로 읽을 수 있다

```
const storage: ?string = localStorage.getItem('data');
```

storage에 문자열이 있으면 이를 구문 분석하면 된다. 그렇지 않으면 data를 배열로 유지하고 첫 번째 요소를 샘플 값으로 채운다.

```
if (!storage) {
    data = [{}];
    schema.forEach(item => data[0][item.id] = item.sample);
} else {
    data = JSON.parse(storage);
}
```

이제 두 파일은 모두 플로우와 호환된다. 지면 절약을 위해 지금까지 이 책에서 함께 작성한 코드에 형식을 적용하는 작업은 여러분이 직접 해보기를 바라며, 플로우의 흥미로운 기능을 좀 더 살펴보자. 완성된 코드는 이 책의 리포지토리(https://github.com/stoyan/reactbook/)에 있다.

프로퍼티와 상태의 형식 검사

상태 비저장 함수로 리액트 컴포넌트를 만든 경우 앞서 살펴본 것처럼 props에 형식을 지정할 수 있다.

```
type Props = {/* ... */};
const Button = (props: Props) => {/* ... */};
```

클래스 생성자도 비슷하다.

```
type Props = {/* ... */};
class Rating extends Component {
    constructor(props: Props) {/* ... */}
}
```

그런데 다음과 같이 생성자가 필요 없을 때는 어떻게 할까?

```
class Form extends Component {
    getData(): Object {}
    render() {}
}
```

여기에 클래스 프로퍼티라는 ECMAScript의 최신 기능을 사용할 수 있다.

```
type Props = {/* ... */};
class Form extends Component {
    props: Props;
    getData(): Object {}
    render() {}
}
```

 이 책을 집필하는 동안에는 클래스 프로퍼티가 ECMAScript 표준으로 채택되지 않은 상태였지만 바벨의 stage-0 프리셋을 이용하면 이 최신 기능을 활성화할 수 있다. 또한 babel-preset-stage-0 NPM 패키지를 설치하고 package.json의 바벨 절을 다음과 같이 수정해야 한다.

```
{
    "babel":{
        "presets":[
            "es2015",
            "react",
            "stage-0"
        ]
    }
}
```

이와 비슷하게 컴포넌트의 상태에도 형식을 지정할 수 있다. 이렇게 하면 형식을 검사할 수 있는 것은 물론 컴포넌트에서 버그를 찾는 다른 개발자에게 일종의 설명서 역할을 하는 장점이 있다. 다음 예제를 살펴보자.

```
type Props = {
    defaultValue: number,
    readonly: boolean,
    max: number,
};

type State = {
    rating: number,
    tmpRating: number,
};
```

```
class Rating extends Component {
    props: Props;
    state: State;
    constructor(props: Props) {
        super(props);
        this.state = {
            rating: props.defaultValue,
            tmpRating: props.defaultValue,
        };
    }
}
```

그리고 물론 가능할 때마다 커스텀 형식을 사용해야 한다.

```
componentWillReceiveProps(nextProps: Props) {
    this.setRating(nextProps.defaultValue);
}
```

형식 내보내기/가져오기

〈FormInput〉 컴포넌트를 살펴보자.

```
type FormInputFieldType = 'year' | 'suggest' | 'rating' | 'text' | 'input';

export type FormInputFieldValue = string | number;

export type FormInputField = {
    type: FormInputFieldType,
    defaultValue?: FormInputFieldValue,
    id?: string,
    options?: Array<string>,
    label?: string,
};

class FormInput extends Component {
    props: FormInputField;
    getValue(): FormInputFieldValue {}
```

```
   render() {}
}
```

여기서는 리액트의 oneOf() 프로퍼티 형식과 비슷하게 허용되는 값의 리스트를 이용해 형식을 표시하는 방법을 볼 수 있다.

또한 커스텀 형식(FormInputFieldType)을 다른 커스텀 형식(FormInputField)의 일부분으로 사용하는 방법도 나온다.

마지막으로 형식을 내보내는 방법을 알아보자. 다른 컴포넌트에서 동일한 형식을 사용할 때 형식을 다시 정의할 필요는 없다. 현재 컴포넌트에서 형식을 내보내면 다른 형식에서 이를 가져올 수 있다. 다음 예제는 〈Form〉 컴포넌트가 〈FormInput〉에서 가져온 형식을 사용하는 방법이 나온다.

```
import type FormInputField from './FormInput';

type Props = {
   fields: Array<FormInputField>,
   initialData?: Object,
   readonly?: boolean,
};
```

폼은 사실 FormInput의 두 형식을 모두 필요로 하며 구문은 다음과 같다.

```
import type {FormInputField, FormInputFieldValue} from './FormInput';
```

형변환

플로우는 특정한 값이 플로우가 예상하는 것과는 다른 형식임을 지정하도록 허용한다. 한 가지 예로 이벤트 핸들러가 있는데, 우리가 이벤트 객체를 전달할 때 플로우는 이벤트의 target이 우리 생각과는 다르다고 간주한다. Excel 컴포넌트의 다음 코드 조각을 예로 들면

```
_showEditor(e: Event) {
   const target = e.target;
   this.setState({edit: {
```

```
        row: parseInt(target.dataset.row, 10),
        key: target.dataset.key,
    }});
  }
```

플로우는 다음과 같이 문제를 지적한다.

```
js/source/components/Excel.js:87
  87:     row: parseInt(target.dataset.row, 10),
                           ^^^^^^^ property `dataset`. Property not found
  in
  87:     row: parseInt(target.dataset.row, 10),
                  ^^^^^^ EventTarget


js/source/components/Excel.js:88
  88:     key: target.dataset.key,
                     ^^^^^^^ property `dataset`. Property not found in
  88:     key: target.dataset.key,
                  ^^^^^^ EventTarget
```

Found 2 errors

https://github.com/facebook/flow/blob/master/lib/dom.js에서 정의를 살펴보면
EventTarget에는 dataset 프로퍼티가 없다는 것을 볼 수 있지만 HTMLElement에는 이
프로퍼티가 있다. 따라서 형변환으로 문제를 해결할 수 있다.

```
const target = ((e.target: any): HTMLElement);
```

처음에는 구문이 약간 이상해 보일 수 있지만, 자세히 들여다보면 값, 콜론, 형식이 제대로
있으며 괄호가 세 항목을 감싼다. 형식 A의 값은 형식 B가 된다. 이 예에서 any 형식의 객체는
값은 그대로지만 HTMLElement 형식이 된다.

불변항(Invariant)

Excel 컴포넌트의 상태는 사용자가 필드를 편집하고 있는지 여부와 활성 대화상자가 있는지 여부를 추적하기 위해 프로퍼티 두 개를 사용한다.

```
this.state = {
  // ...
  edit: null, // {행 인덱스, schema.id},
  dialog: null, // {형식, idx}
};
```

이러한 두 프로퍼티는 null(편집 중이 아님, 대화상자 닫힘)이거나 편집 또는 대화상자에 대한 정보를 포함한다. 이러한 두 프로퍼티의 형식은 다음과 같이 나타낼 수 있다.

```
type EditState = {
  row: number,
  key: string,
};

type DialogState = {
  idx: number,
  type: string,
};

type State = {
  data: Data,
  sortby: ?string,
  descending: boolean,
  edit: ?EditState,
  dialog: ?DialogState,
};
```

여기서 문제는 값이 null일 수도 있고 아닐 수도 있다는 것이다. 플로우는 이 점을 수상하게 여기며 이는 합리적인 판단이다. this.state.edit.row나 this.state.edit.key를 사용하려고 하면 플로우는 오류를 보고한다.

```
Property cannot be accessed on possibly null value
```

우리는 이러한 프로퍼티가 사용 가능할 때만 사용하지만 플로우는 이러한 사실을 모른다. 게다가 앱이 계속 성장하다 보면 언젠가 예기치 못한 상태에 이르지 않는다는 보장이 없다. 그리고 이러한 상황이 발생하면 이 사실을 알고 싶을 것이다. 플로우를 안심시키고 동시에 앱이 이상하게 동작할 때 알림을 받으려면 값을 사용할 때 null이 아닌지 검사할 수 있다.

전:

```
data[this.state.edit.row][this.state.edit.key] = value;
```

후:

```
if (!this.state.edit) {
    throw new Error('Messed up edit state');
}
data[this.state.edit.row][this.state.edit.key] = value;
```

이제 모든 문제가 해결됐다. 그리고 조건부 throw 코드가 지나치게 자주 반복된다면 invariant() 함수를 이용하는 방법이 있다. 이러한 함수는 직접 만들거나 기존의 오픈소스 프로젝트를 이용할 수 있다.

npm을 이용해 간단하게 설치할 수 있다.

```
$ npm install --save-dev invariant
```

*.flowconfig*에 다음 항목을 추가한다.

```
[include]
node_modules/react
node_modules/react-dom
node_modules/classnames
node_modules/invariant
```

이제 다음과 같이 함수를 호출할 수 있다.

```
invariant(this.state.edit, 'Messed up edit state');
data[this.state.edit.row][this.state.edit.key] = value;
```

테스트

안정적인 앱 성장을 위한 다음 단계는 자동화된 테스트다. 테스트도 역시 다양한 옵션 중에서 선택할 수 있다. 리액트는 제스트[Jest]를 이용해 테스트를 실행하므로 여기서도 제스트를 사용해보고 어떤 장점이 있는지 알아보자. 또한 리액트는 react-addons-test-utils라는 유용한 패키지를 제공한다.

먼저 설정이 필요하다.

설정

제스트의 명령줄 인터페이스를 설치한다.

```
$ npm i -g jest-cli
```

또한 ES6 스타일을 테스트하려면 babel-jest와 리액트의 테스트 유틸리티 패키지가 필요하다.

```
$ npm i --save-dev babel-jest react-addons-test-utils
```

다음은 *package.json*을 업데이트한다.

```
{
  /* ... */
  "eslintConfig":{
    /* ... */
    "env":{
      "browser": true,
      "jest": true
    },
  /* ... */
  "scripts":{
    "watch": "watch \"sh scripts/build.sh\" js/source js/__tests__ css/",
    "test": "jest"
  },
```

```
    "jest":{
      "scriptPreprocessor": "node_modules/babel-jest",
      "unmockedModulePathPatterns":[
        "node_modules/react",
        "node_modules/react-dom",
        "node_modules/react-addons-test-utils",
        "node_modules/fbjs"
      ]
    }
  }
```

다음과 같이 제스트를 실행할 수 있다.

```
$ jest testname.js
```

npm을 이용해 테스트하는 방법도 있다.

```
$ npm test testname.js
```

제스트는 __tests__ 디렉터리에서 테스트를 찾으므로 모든 테스트를 js/__tests__에
넣는다. 마지막으로 테스트 실행과 린팅을 각 빌드의 일부로 수행하도록 빌드 스크립트를
업데이트한다.

```
# QA
eslint js/source js/__tests__
flow
npm test
```

그리고 테스트의 변경 사항을 감시하도록 *watch.sh*를 업데이트한다(이 기능은
*package.json*에 중복돼 있음을 기억하자).

```
watch "sh scripts/build.sh" js/source js/__tests__ css/
```

첫 번째 테스트

제스트는 구어체 영어와 비슷한 API를 사용하는 재스민[jasmine]이라는 유명한 프레임워크에 기반을 둔다. 먼저 describe('suite', call back)로 테스트 스위트[test suite]를 정의하고, it('test name', callback)로 하나 이상의 테스트 스펙[test spec]을 정의하며, 각 스펙 안에서 expect() 함수로 가정[assertion]을 수행한다.

최소한의 요건만 포함하는 테스트의 예는 다음과 같다.

```
describe('A suite', () => {
  it('is a spec', () => {
    expect(1).toBe(1);
  });
});
```

다음은 테스트를 실행한 예를 보여준다.

```
$ npm test js/__tests__/dummy-test.js

> whinepad@2.0.0 test /Users/stoyanstefanov/reactbook/whinepad2
> jest "js/__tests__/dummy-test.js"

Using Jest CLI v0.8.2, jasmine1
  PASS js/__tests__/dummy-test.js (0.206s)
1 test passed (1 total in 1 test suite, run time 0.602s)
```

다음과 같이 테스트에 잘못된 가정[assertion]이 있는 경우

```
expect(1).toBeFalsy();
```

그림 7-1과 같이 오류 메시지와 함께 테스트 실행이 실패한다.

```
> whinepad@2.0.0 test /Users/stoyanstefanov/reactbook/whinepad2
> jest "js/__tests__/dummy-test.js"

Using Jest CLI v0.8.2, jasmine1
 FAIL  js/__tests__/dummy-test.js (3.268s)
● A suite › it is a spec
  - Expected 1 to be falsy.
        at Spec.eval (js/__tests__/dummy-test.js:3:15)
1 test failed, 0 tests passed (1 total in 1 test suite, run time 3.669s)
npm      Test failed.  See above for more details.
```

그림 7-1. 실패한 테스트 실행

첫 번째 리액트 테스트

제스트를 리액트 환경에 적용하기 위해 먼저 간단한 DOM 버튼을 테스트해보자. 제일 먼저
임포트가 나온다.

```
import React from 'react';
import ReactDOM from 'react-dom';
import TestUtils from 'react-addons-test-utils';
```

다음으로 테스트 스위트를 설정한다.

```
describe('We can render a button', () => {
  it('changes the text after click', () => {
    // ...
  });
});
```

이제 기본적인 준비가 끝났으므로 렌더링과 테스트를 시작할 차례다. 간단한 JSX를
렌더링한다.

```
const button = TestUtils.renderIntoDocument(
  <button
    onClick={ev => ev.target.innerHTML = 'Bye'}>
    Hello
  </button>
);
```

여기서는 리액트의 테스트 유틸 라이브러리를 이용해 JSX를 렌더링했다(이 예제는 사용자가 클릭하면 텍스트가 변경되는 버튼).

항목을 렌더링한 후에는 예상한 항목이 렌더링됐는지 확인할 차례다.

```
expect(ReactDOM.findDOMNode(button).textContent).toEqual('Hello');
```

여기서 볼 수 있듯이 ReactDOM.findDOMNode()를 이용해 DOM 노드에 접근했다. 그런 다음에는 익숙한 DOM API를 이용해 노드를 조사할 수 있다.

사용자의 UI 상호작용을 테스트하려는 경우가 많은데, 리액트는 이를 위한 TestUtils.simulate를 제공한다.

```
TestUtils.Simulate.click(button);
```

그리고 마지막으로 UI가 상호작용에 반응했는지 여부를 확인해야 한다.

```
expect(ReactDOM.findDOMNode(button).textContent).toEqual('Bye');
```

이 책의 나머지 장에서 사용 가능한 API와 예제를 더 다루겠지만, 주요 툴은 다음과 같다.

- TestUtils.renderIntoDocument(arbitraryJSX)
- 인터페이스와의 상호작용을 위한 TestUtils.Simulate.*
- DOM 노드에 대한 참조를 얻고 예상한 모양인지 확인하기 위한 ReactDOM.findDOMNode() (또는 몇 가지 추가 TestUtils 메서드)

〈Button〉 컴포넌트의 테스트

〈Button〉 컴포넌트는 다음과 같다.

```
/* @flow */

import React from 'react';
import classNames from 'classnames';
```

```
type Props = {
  href: ?string,
  className: ?string,
};

const Button = (props: Props) =>
  props.href
    ? <a {...props} className={classNames('Button', props.className)} />
    : <button {...props} className={classNames('Button', props.className)} />

export default Button
```

이를 다음과 같이 테스트해보자.

- href 프로퍼티가 있는지 여부에 따라 〈a〉 또는 〈button〉을 렌더링하는가(첫 번째 스펙)

- 커스텀 클래스 이름을 받아들이는가(두 번째 스펙)

다음과 같이 새로운 테스트를 시작한다.

```
jest
  .dontMock('../source/components/Button')
  .dontMock('classnames')
;

import React from 'react';
import ReactDOM from 'react-dom';
import TestUtils from 'react-addons-test-utils';
```

import 문은 이전과 동일하지만 이제는 새로운 jest.dontMock() 호출이 있다.

모형^{mock}은 기능의 일부를 가짜 코드로 대체하는 것을 말한다. 모형은 시스템의 다른 부분에 대한 부작용을 최소화하고 작은 부분을 격리해서 테스트하는 단위 테스트에서 일반적이다. 모형을 작성하는 데 상당한 시간과 노력이 필요한 경우가 있기 때문에 제스트는 정반대의 접근법을 선택해 기본적으로 모든 사항을 모형으로 제공하고 모형을 제공하지 않을 부분을 dontMock()을 이용해 선택하게 했다.

앞의 예제에서는 〈Button〉과 여기서 사용하는 classnames를 모형으로 제공하지 않도록 선언했다.

다음은 〈Button〉을 포함하는 부분이다.

```
const Button = require('../source/components/Button');
```

 이 책을 집필하는 동안에는 제스트 설명서의 내용에도 불구하고 앞의 require() 호출은 작동하지 않았다. 대신 다음과 같이 작성해야 한다.

```
const Button = require('../source/components/Button').default;
```

import 역시 작동하지 않으며

```
import Button from '../source/components/Button';
```

대신 다음과 같이 작성해야 한다.

```
import _Button from '../source/components/Button';
const Button = _Button.default;
```

다른 방법으로는 export default Button 대신 〈Button〉 컴포넌트에서 export {Button}을 수행한 다음, import {Button} from '../source/component/Button'으로 임포트하는 방법이 있다.

여러분이 이 책을 읽을 때는 기본 임포트가 예상대로 작동하기를 바란다.

첫 번째 스펙

스위트(describe()를 이용)와 첫 번째 스펙(it()을 이용)을 설정해보자.

```
describe('Render Button components', () => {
  it('renders <a> vs <button>', () => {
    /* ... 렌더링 후 expect()를 이용한 결과 예상... */
  });
});
```

간단한 버튼을 렌더링해보자. 여기에는 href가 없으므로 〈button〉을 렌더링해야 한다.

```
const button = TestUtils.renderIntoDocument(
  <div>
    <Button>
      Hello
    </Button>
  </div>
);
```

〈Button〉과 같은 상태 비저장 함수형 컴포넌트를 나중에 ReactDOM으로 발견할 수 있게 하려면 다른 DOM 노드로 감싸야 한다.

이제 ReactDOM.findDOMNode(button)는 래퍼 〈div〉를 제공하므로 〈button〉에 접근하려면 첫 번째 자식을 얻고 이것이 실제로 버튼인지 확인하면 된다.

```
expect(ReactDOM.findDOMNode(button).children[0].nodeName).toEqual('BUTTON');
```

이와 비슷하게 동일한 테스트 스펙의 일부로서, href가 있을 때 앵커 노드가 사용되는지 확인할 수 있다.

```
const a = TestUtils.renderIntoDocument(
  <div>
    <Button href="#">
      Hello
    </Button>
  </div>
);
expect(ReactDOM.findDOMNode(a).children[0].nodeName).toEqual('A');
```

두 번째 스펙

두 번째 스펙에서는 커스텀 클래스 이름을 추가한 다음 이러한 이름이 예상되는 위치에 있는지 확인한다.

```
it('allows custom CSS classes', () => {
    const button = TestUtils.renderIntoDocument(
        <div><Button className="good bye">Hello</Button></div>
    );
    const buttonNode = ReactDOM.findDOMNode(button).children[0];
    expect(buttonNode.getAttribute('class')).toEqual('Button good bye');
});
```

여기서 제스트의 모형 기능을 확실하게 염두에 두는 것이 중요하다. 이와 비슷한 테스트가 작동하지 않는 경우 제스트의 모형을 비활성화하는 것을 잊어버렸기 때문일 수 있다. 즉, 테스트 맨 위에서 다음과 같이 한 경우

```
jest
    .dontMock('../source/components/Button')
    // .dontMock('classnames')
    ;
```

제스트는 아무 일도 하지 않는 classnames 모듈의 모형을 제공한다. 다음과 같은 코드를 작성하면 이 현상을 목격할 수 있다.

```
const button = TestUtils.renderIntoDocument(
    <div><Button className="good bye">Hello</Button></div>
);
console.log(ReactDOM.findDOMNode(button).outerHTML);
```

이 코드는 생성된 HTML을 콘솔에 출력한다.

```
<div data-reactid=".2">
    <button data-reactid=".2.0">Hello</button>
</div>
```

여기서 볼 수 있듯이 classNames()의 모형은 아무 일도 하지 않으므로 클래스 이름을 전혀 이용하지 않는다.

따라서 dontMock()이 필요하다.

```
jest
  .dontMock('../source/components/Button')
  .dontMock('classnames')
;
```

이제 outerHTML이 다음과 같이 변한다.

```
<div data-reactid=".2">
  <button class="Button good bye" data-reactid=".2.0">Hello</button>
</div>
```

따라서 테스트가 성공적으로 통과했다.

 테스트가 비정상적으로 작동하는 경우 생성된 마크업의 모양이 궁금할 때는 console.log(node.outerHTML)을 이용해 편리하게 HTML을 확인할 수 있다.

〈Actions〉테스트

〈Actions〉는 상태 비저장 컴포넌트이므로 나중에 확인하려면 먼저 래핑해야 한다. 한 가지 옵션은 〈Button〉과 마찬가지로 div로 래핑하고 다음과 같이 접근하는 것이다.

```
const actions = TestUtils.renderIntoDocument(
  <div><Actions /></div>
);

ReactDOM.findDOMNode(actions).children[0]; // 〈Actions〉의 루트 노드
```

컴포넌트 래퍼

다른 방법은 래퍼 리액트 요소를 사용하는 것이다. 이 경우 여러 TestUtils 메서드를 이용해 조사하려는 노드를 찾을 수 있다.

래퍼는 간단하며 자체 모듈 안에서 정의할 수 있으므로 재사용이 가능하다.

```
import React from 'react';
class Wrap extends React.Component {
  render() {
    return <div>{this.props.children}</div>;
  }
}
export default Wrap
```

이제 테스트의 공통적인 기본 파트 코드는 다음과 같다.

```
jest
  .dontMock('../source/components/Actions')
  .dontMock('./Wrap')
;

import React from 'react';
import TestUtils from 'react-addons-test-utils';

const Actions = require('../source/components/Actions');
const Wrap = require('./Wrap');

describe('Click some actions', () => {
  it('calls you back', () => {
    /* 렌더 */
    const actions = TestUtils.renderIntoDocument(
      <Wrap><Actions /></Wrap>
    );
    /* ... 찾기 및 조사 */
  });
});
```

모형 함수

〈Actions〉 컴포넌트에 특별한 사항은 없으며 다음과 같다.

```
const Actions = (props: Props) =>
  <div className="Actions">
    <span
      tabIndex="0"
      className="ActionsInfo"
      title="More info"
      onClick={props.onAction.bind(null, 'info')}>&#8505;</span>
    {/* ... 두 개의 추가 span */}
  </div>
```

여기서 테스트해야 하는 유일한 기능은 사용자가 클릭했을 때 이러한 액션이 onAction 콜백을 올바르게 호출하는지 여부다. 제스트는 모형 함수를 정의할 수 있게 해주며, 이러한 함수가 어떻게 호출되는지 확인할 수 있게 해준다. 이 방식은 콜백 함수를 사용하는 데 이상적이다.

테스트 본체에서 새로운 모형 함수를 만들고 이를 콜백으로서 Actions에 전달한다.

```
const callback = jest.genMockFunction();
const actions = TestUtils.renderIntoDocument(
  <Wrap><Actions onAction={callback} /></Wrap>
);
```

다음은 액션에 대한 클릭을 처리할 차례다.

```
TestUtils
  .scryRenderedDOMComponentsWithTag(actions, 'span')
  .forEach(span => TestUtils.Simulate.click(span));
```

DOM 노드를 찾기 위해 TestUtils의 메서드 하나를 사용한 것에 주의하자. 이 메서드는 세 〈span〉 노드의 배열을 반환하며, 테스트는 각 노드에 대해 클릭을 시뮬레이션한다.

이제 모형 콜백 함수는 세 번 실행돼야 한다. 결과가 예상(expect())대로인지 여부에 대한 가정^{assertion}을 수행한다.

```
const calls = callback.mock.calls;
expect(calls.length).toEqual(3);
```

여기서 볼 수 있듯이 callback.mock.calls는 배열이다. 마찬가지로 각 호출에도 호출 시 전달되는 인수의 배열이 있다.

첫 번째 액션은 "info"이며, props.onAction.bind(null, 'info')와 같이 액션 유형 "info"를 전달하고 onAction을 호출한다. 즉, 첫 번째 모형 콜백(0)에 대한 첫 번째 인수는 "info"여야 한다.

```
expect(calls[0][0]).toEqual('info');
```

나머지 두 액션의 경우도 비슷하다.

```
expect(calls[1][0]).toEqual('edit');
expect(calls[2][0]).toEqual('delete');
```

찾기(find 및 scry)

TestUtils는 리액트 렌더 트리에서 DOM 트리를 찾기 위한 여러 함수를 제공한다. 예를 들어, 태그 이름이나 클래스 이름을 기준으로 노드를 찾을 수 있다. 다음은 앞에 나온 한 예다.

```
TestUtils.scryRenderedDOMComponentsWithTag(actions, 'span')
```

다음과 같은 예도 있다.

```
TestUtils.scryRenderedDOMComponentsWithClass(actions, 'ActionsInfo')
```

scry* 메서드와 대응되는 find* 메서드도 있다. 예를 들어 다음과 같다.

```
TestUtils.findRenderedDOMComponentWithClass(actions, 'ActionsInfo')
```

함수 이름에 Component와 Components의 차이에 주의하자. scry*는 일치 항목이 하나이거나 항목이 없더라도 일치 항목의 배열을 반환하지만 find*는 단일 일치 항목을 반환하며 일치 항목이 없거나 여러 개일 경우 오류가 발생한다. 즉, find*를 이용해 찾는다는 것은 트리에 해당 DOM 노드가 단 하나라고 가정[assertion]하는 것이다.

추가 시뮬레이션 상호작용

Rating 위젯을 테스트해보자. 이 위젯은 마우스 커서 올림, 내림, 그리고 클릭할 때 상태가 변한다. 기본 파트 코드는 다음과 같다.

```
jest
  .dontMock('../source/components/Rating')
  .dontMock('classnames')
;

import React from 'react';
import TestUtils from 'react-addons-test-utils';

const Rating = require('../source/components/Rating');

describe('works', () => {
  it('handles user actions', () => {
    const input = TestUtils.renderIntoDocument(<Rating />);

    /* 예상을 나열하는 위치 */
  });
});
```

<Rating>은 렌더링할 때 래핑할 필요가 없다. 상태 비저장 함수형 컴포넌트가 아니므로 이대로 사용해도 된다.

이 위젯의 span 안에 별의 수(기본값은 5)가 포함돼 있다. 이를 찾아보자.

```
const stars = TestUtils.scryRenderedDOMComponentsWithTag(input, 'span');
```

이제 4번째 별(span[3])에 대해 마우스 올림, 마우스 내림, 그리고 클릭을 시뮬레이션해보자. 이때 1번부터 4번 별은 "켜짐" 상태여야 한다. 다른 말로 하면 RatingOn 클래스 이름이 있어야 하며, 5번 별은 "꺼짐" 상태여야 한다.

```
TestUtils.Simulate.mouseOver(stars[3]);
expect(stars[0].className).toBe('RatingOn');
expect(stars[3].className).toBe('RatingOn');
expect(stars[4].className).toBeFalsy();
expect(input.state.rating).toBe(0);
expect(input.state.tmpRating).toBe(4);

TestUtils.Simulate.mouseOut(stars[3]);
expect(stars[0].className).toBeFalsy();
expect(stars[3].className).toBeFalsy();
expect(stars[4].className).toBeFalsy();
expect(input.state.rating).toBe(0);
expect(input.state.tmpRating).toBe(0);

TestUtils.Simulate.click(stars[3]);
expect(input.getValue()).toBe(4);
expect(stars[0].className).toBe('RatingOn');
expect(stars[3].className).toBe('RatingOn');
expect(stars[4].className).toBeFalsy();
expect(input.state.rating).toBe(4);
expect(input.state.tmpRating).toBe(4);
```

테스트에서 state.rating과 state.tmpRating의 값이 올바른지 확인하기 위해 컴포넌트의 상태에 접근했다는 것도 주의하자. 이것은 테스트로는 과도한 것일 수 있다. 밖으로 나온 결과가 예상대로라면 컴포넌트가 관리하는 내부 상태까지 신경 쓸 이유는 많지 않지만 확실히 가능한 일이다.

전체 상호작용 테스트

Excel에 대한 몇 가지 테스트를 작성해보자. Excel은 강력한 컴포넌트이므로 잘못될 경우 앱의 동작에 심각한 부작용을 초래할 수 있다. 우선 다음과 같이 시작한다.

```
jest.autoMockOff();

import React from 'react';
import TestUtils from 'react-addons-test-utils';
const Excel = require('../source/components/Excel');
const schema = require('../source/schema');

let data = [{}];
schema.forEach(item => data[0][item.id] = item.sample);

describe('Editing data', () => {
   it('saves new data', () => {
      /* ... 렌더링, 상호작용, 조사 */
   });
});
```

맨 위에 jest.autoMockOff();를 보면 Excel 컴포넌트가 사용하는 모든 컴포넌트(그리고 다시
이들 컴포넌트가 사용하는 컴포넌트)를 나열하는 대신 모든 컴포넌트의 모형을 비활성화한
것을 알 수 있다.

Excel 컴포넌트를 초기화하려면 (app.js와 마찬가지로) schema와 샘플 data가 필요하다.

다음은 렌더링이다.

```
const callback = jest.genMockFunction();
const table = TestUtils.renderIntoDocument(
   <Excel
      schema={schema}
      initialData={data}
      onDataChange={callback} />
);
```

여기까지는 아주 순조롭다. 첫 번째 행의 첫 번째 셀의 값을 바꿔보자. 새로운 값은 다음과
같다.

```
const newname = '$2.99 chuck';
```

원하는 셀은 다음과 같다.

```
const cell = TestUtils.scryRenderedDOMComponentsWithTag(table, 'td')[0];
```

 이 책을 집필하는 동안에는 제스트가 이용하는 DOM 구현에 누락된 기능 때문에 dataset에 대한 지원을 제공하려면 약간의 추가 작업이 필요했다.

```
    cell.dataset = { // 제스트의 DOM 지원을 위한 추가 작업
       row: cell.getAttribute('data-row'),
       key: cell.getAttribute('data-key'),
    };
```

셀을 더블클릭하면 셀이 텍스트 입력을 포함하는 폼으로 바뀐다.

```
TestUtils.Simulate.doubleClick(cell);
```

입력의 값을 변경하고 폼을 제출한다.

```
cell.getElementsByTagName('input')[0].value = newname;
TestUtils.Simulate.submit(cell.getElementsByTagName('form')[0]);
```

이제 셀의 내용은 폼이 아니라 일반 텍스트다.

```
expect(cell.textContent).toBe(newname);
```

테이블의 내용에 해당하는 데이터의 키-값 쌍 객체를 포함하는 배열과 함께 onDataChange 콜백이 호출된다. 모형 콜백이 새로운 데이터를 올바르게 받았는지 확인할 수 있다.

```
expect(callback.mock.calls[0][0][0].name).toBe(newname);
```

여기서 [0][0][0]은 모형 함수에 대한 첫 번째 호출의 첫 번째 인수가 배열이고, 이 배열의 첫 번째 요소는 name 프로퍼티가 "$2.99 chuck"인 객체(테이블 내의 한 레코드에 해당)라는 의미다.

 TestUtils.Simulate.submit 대신 TestUtils.Simulate.keyDown을 이용하고 마찬가지로 폼을 제출하는 효과가 있는, Enter 버튼을 누른 이벤트를 보내는 방법도 있다.

두 번째 테스트 스펙에서는 샘플 데이터의 행 하나를 삭제해보자.

```
it('deletes data', () => {
  // 전과 같음
  const callback = jest.genMockFunction();
  const table = TestUtils.renderIntoDocument(
    <Excel
      schema={schema}
      initialData={data}
      onDataChange={callback} />
  );

  TestUtils.Simulate.click( // x 아이콘
    TestUtils.findRenderedDOMComponentWithClass(table, 'ActionsDelete')
  );

  TestUtils.Simulate.click( // 확인 대화상자
    TestUtils.findRenderedDOMComponentWithClass(table, 'Button')
  );

  expect(callback.mock.calls[0][0].length).toBe(0);
});
```

이전 예제와 마찬가지로 `callback.mock.calls[0][0]`은 상호작용 후 데이터의 새로운 배열이지만, 이번에는 테스트에서 단일 레코드를 삭제했으므로 아무것도 남아 있지 않다.

적용 범위coverage

이러한 주제에 숙달된 후에는 모든 사항이 직관적이고 약간은 반복적으로 느껴질 수 있다. 시나리오를 최대한 철저하게 테스트할지 여부는 여러분에게 달려있다. 예를 들어, "info" 액션을 클릭한 후 취소하고, "delete"를 클릭한 후 취소하고, 다시 클릭한 다음 삭제를 해볼 수 있다.

테스트는 더 빨리, 더 확실하게 두려움 없이 리팩터링할 수 있게 해주는 방법이다. 또한 테스트는 특정한 변경 사항이 격리돼 있다고 믿는 동료 개발자에게 실제로는 훨씬 많은 파급

효과가 있다는 것을 깨닫게 해주는 데도 유용하다. 테스트 작성 프로세스를 좀 더 흥미롭게 만들어주는 방법 중 하나로 코드 적용 범위^{code coverage} 기능이 있다.

다음과 같이 실행하면

```
$ jest --coverage
```

발견되는 모든 테스트를 실행하고 테스트한 코드 행과 함수의 수 등과 같은 정보가 포함된 보고서를 보여준다. 그림 7-2에 보고서의 예가 나온다.

보고서를 자세히 보면 모든 것이 완벽하지는 않으며, 분명히 더 테스트할 수 있는 부분이 있음을 알 수 있다. 적용 범위 보고서의 유용한 기능 중 하나로 테스트되지 않은 행을 보여주는 기능이 있다. 예를 들어, FormInput은 테스트했지만 22행이 테스트 범위에 포함되지 않았다. 이 행은 return 문이 있는 행이다.

```
getValue(): FormInputFieldValue {
    return 'value' in this.refs.input
        ? this.refs.input.value
        : this.refs.input.getValue();
}
```

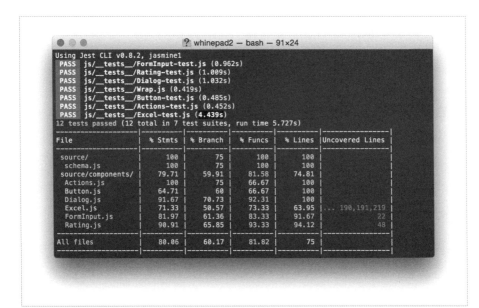

그림 7-2. 코드 적용 범위 보고서

보고서를 보면 이 함수가 테스트에 포함되지 않은 것을 알 수 있다. 다음과 같이 간단한
테스트 스펙을 작성해 문제를 해결할 수 있다.

```
it('returns input value', () => {
  let input = TestUtils.renderIntoDocument(<FormInput type="year" />);
  expect(input.getValue()).toBe(String(new Date().getFullYear()));
  input = TestUtils.renderIntoDocument(
    <FormInput type="rating" defaultValue="3" />
  );
  expect(input.getValue()).toBe(3);
});
```

첫 번째 expect()는 기본 제공 DOM 입력을 테스트하며, 두 번째 테스트는 커스텀 입력을
테스트한다. 이제 getValue()의 삼항 연산의 두 결과가 모두 실행된다.

이제 코드 적용 범위 보고서에서 22행을 테스트했음을 보여준다(그림 7-3).

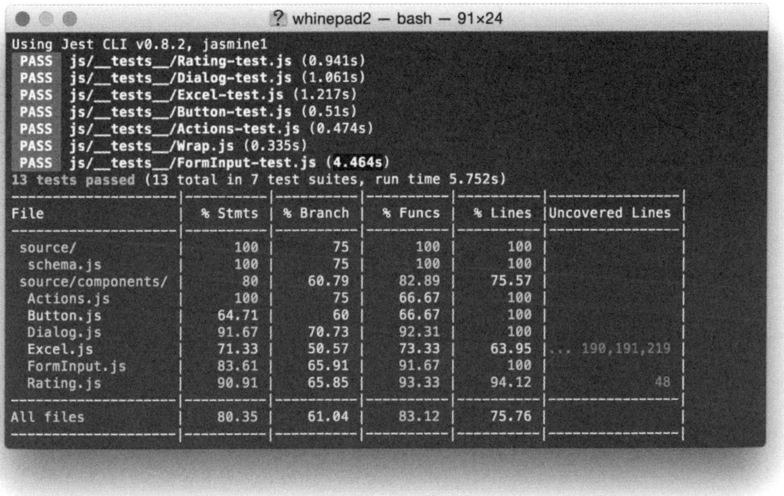

그림 7-3. 업데이트된 코드 적용 범위 보고서

08

플럭스

이 책의 마지막 8장에서는 컴포넌트 간의 통신과 앱 내의 전체 데이터 흐름을 관리하는 다른 방법 중 하나인 플럭스Flux를 소개한다. 지금까지는 컴포넌트 간에 통신을 수행하는 방법으로 부모에서 자식으로 프로퍼티를 전달하고 자식의 변경을 수신(예: onDataChange)하는 방법을 주로 이용했다. 그런데 이와 같이 프로퍼티를 전달하다 보면 종종 프로퍼티를 너무 많이 받는 컴포넌트가 생긴다. 이러한 컴포넌트는 제대로 테스트하는 것은 물론 프로퍼티의 모든 조합과 순열이 예상대로 작동하는지 확인하기가 힘들다.

또한 프로퍼티를 부모에서 자식으로 전달한 다음 다시 손자로 전달해야 하는 시나리오를 많이 접하게 된다. 이러한 시나리오는 반복적인 작업이 필요하므로 그 자체만으로 좋지 않지만, 혼란을 초래하고 너무 많은 사항을 기억해야 하므로 코드를 읽는 사람에게 많은 부담을 준다.

플럭스는 이러한 문제를 극복하고 앱의 데이터 흐름을 유지 관리하도록 도와주는 한 가지 방법이다. 플럭스는 코드 라이브러리라기보다는 앱의 데이터를 구성(설계)하는 방법에 대한 하나의 개념이다. 대부분의 앱에서는 데이터가 무엇보다 중요하다. 사용자는 여러분의 앱으로 돈이나 이메일, 사진 등의 중요한 데이터를 처리한다. UI는 다소 불편하더라도 사용할 수 있다. 그러나 데이터의 상태에 대한 혼란이 있다면 심각한 문제가 된다("방금 30달러를 보낸 게 맞나?").

플럭스 개념을 지원하는 오픈소스 구현이 많이 있다. 이번 장에서는 이러한 옵션을 다루는 대신 DIY에 가까운 방법을 소개한다. 일단 장점을 인정하고 개념을 이해한 후에는 사용 가능한 대안을 계속 찾거나 자신의 해법을 개발할 수 있다.

기본 개념

플로우는 앱에서 데이터가 가장 중요하다고 가정한다. 데이터는 저장소Store에 저장된다. 리액트 컴포넌트(뷰View)는 저장소에서 데이터를 읽고 이를 렌더링한다. 앱 사용자가 액션Action(예: 버튼 클릭)을 수행하면 저장소의 데이터가 업데이트되며 결국 뷰에 영향을 준다. 그리고 이 연결 고리는 계속 이어진다(그림 8-1). 데이터는 단방향으로 전달되므로 추적하고 이해하며 디버그하기 쉽다.

그림 8-1. 단방향 데이터 흐름

여기서 액션의 수를 늘리거나 다중 저장소, 디스패처^{Dispatcher} 등의 변형이나 확장이 존재하지만 개략적인 설명에 들어가기 전에 약간의 코드를 먼저 살펴보자.

와인패드 다시 살펴보기

와인패드 앱에는 다음과 같은 최상위 리액트 컴포넌트인 〈Whinepad〉가 있다.

```
〈Whinepad
  schema={schema}
  initialData={data} />
```

〈Whinepad〉는 〈Excel〉 컴포넌트로 이뤄져 있다.

```
〈Excel
  schema={this.props.schema}
  initialData={this.state.data}
  onDataChange={this._onExcelDataChange.bind(this)} />
```

첫째, 앱이 사용하는 데이터에 대한 설명인 schema가 〈Whinepad〉에서 〈Excel〉로 전달된다. 그런 다음 〈Form〉으로도 전달된다. 이 작업은 약간은 반복적이고 부담스럽게 느껴진다. 이러한 프로퍼티를 한 개가 아니라 여러 개 전달해야 한다면 어떨까? 얼마 지나지 않아 컴포넌트의 표면이 지나치게 거대해질 것이다.

 여기서 "표면"이라는 용어는 컴포넌트가 받는 프로퍼티라는 의미로 쓰였으며, "API"나 "함수 시그니처"와 같은 의미다. 프로그래밍에서는 항상 표면을 최소한으로 유지하는 것이 좋다. 인수 10개를 받는 함수보다는 인수를 한 개만 받는(또는 아예 받지 않는) 함수가 사용, 디버그, 테스트하기 쉽다.

schema는 데이터와는 다르게 원래대로 전달된다. 〈Whinepad〉는 initialData 프로퍼티를 받고 이의 한 버전을 〈Excel〉에 전달한다(this.props.initialData가 아닌 this.state.data). 여기서 한 가지 궁금증이 생길 수 있다. 새로운 데이터는 원래 데이터와 어떻게 다를까? 그리고 최신 데이터를 판단해야 할 때는 어떤 데이터가 기준일까?

이 책의 앞부분에서 살펴본 구현에서는 〈Whinepad〉가 최신 데이터를 가졌으며, 그래도 별 문제가 없었다. 그러나 UI 컴포넌트(UI는 리액트의 핵심임)가 최신 데이터를 가져야 하는 이유는 그리 명백하게 드러나지 않는다.

이 작업을 수행하는 저장소를 먼저 알아보자.

저장소

먼저 지금까지 작성한 코드의 복사본으로 시작한다.

```
$ cd ~/reactbook
$ cp -r whinepad2 whinepad3
$ cd whinepad3
$ npm run watch
```

다음으로 (리액트 UI 컴포넌트와의 구분을 위해) 플럭스 모듈(이 예에서는 저장소와 액션 두 가지)을 저장할 디렉터리를 새로 설정한다.

```
$ mkdir js/source/flux
$ touch js/source/flux/CRUDStore.js
$ touch js/source/flux/CRUDActions.js
```

플럭스 아키텍처에는 여러 저장소(예: 사용자 데이터를 위한 저장소와 앱 설정을 위한 저장소)가 사용될 수 있지만 여기서는 CRUD 저장소라는 한 저장소에 초점을 맞춘다. CRUD 저장소는 레코드의 리스트를 저장하기 위한 것이며, 이 예에서는 와인의 종류와 이에 대한 평가를 저장한다.

CRUDStore는 리액트와는 연관이 없으며, 사실은 간단한 자바스크립트 객체로도 구현할 수 있다.

```
/* @flow */

let data;
let schema;

const CRUDStore = {

    getData(): Array<Object> {
        return data;
    },

    getSchema(): Array<Object> {
        return schema;
    },

};

export default CRUDStore
```

여기서 볼 수 있듯이 저장소는 로컬 모듈 변수 data와 schema에 단일 원본을 유지 관리하며 이를 원하는 상대에게 언제든지 반환한다. 또한 저장소는 data를 업데이트할 수 있게 허용한다(앱의 수명 기간 동안 동일하게 유지되는 schema는 업데이트가 불가능함).

```
setData(newData: Array<Object>, commit: boolean = true){
    data = newData;
    if (commit && 'localStorage' in window) {
        localStorage.setItem('data', JSON.stringify(newData));
    }
    emitter.emit('change');
},
```

여기서 저장소는 로컬 데이터를 업데이트하며, 이 경우 localStorage지만 서버에 대한 XHR 요청이 될 수도 있는 영구 저장소도 업데이트한다. 영구 저장소를 항상 업데이트하고 싶지는 않으므로 "제출" 시에만 영구 저장소를 업데이트한다. 검색을 예로 들면, 검색 결과가 최신이기를 원하지만 이 결과를 영구적으로 저장하고 싶지는 않다. setData()를 호출한 직후 정전이 일어나서 검색 결과를 제외한 모든 데이터가 손실되면 어떻게 될지 생각해보자.

또한 여기서 "변경" 이벤트를 생성하는 것을 볼 수 있다. (자세한 내용은 조금 뒤에 알아본다.)

저장소가 제공할 수 있는 다른 유용한 메서드로는 데이터 행의 전체 수와 단일 행의 데이터를 반환하는 메서드가 있다.

```
getCount(): number {
  return data.length;
},


getRecord(recordId: number): ?Object {
  return recordId in data ? data[recordId] : null;
},
```

앱을 처음 시작하려면 저장소를 초기화해야 한다. 원래 이 작업은 *app.js*에서 처리했지만 데이터 처리를 한곳으로 집중하기 위해 저장소에서 처리해야 한다.

```
init(initialSchema: Array<Object>) {
  schema = initialSchema;
  const storage = 'localStorage' in window
    ? localStorage.getItem('data')
    : null;

  if (!storage) {
    data = [{}];
    schema.forEach(item => data[0][item.id] = item.sample);
  } else {
    data = JSON.parse(storage);
  }
},
```

이제 *app.js*는 다음과 같이 앱을 처음 시작한다.

```
// ...
import CRUDStore from './flux/CRUDStore';
import Whinepad from './components/Whinepad';
import schema from './schema';

CRUDStore.init(schema);

ReactDOM.render(
  <div>
    {/* 추가 JSX */}
    <Whinepad />
  {/* ... */}
);
```

여기서 볼 수 있듯이 일단 저장소가 초기화되면 <Whinepad>는 프로퍼티를 받을 필요가 없다. 여기서 필요로 하는 데이터는 CRUDStore.getData()를 통해 얻을 수 있으며, 데이터에 대한 설명은 CRUDStore.getSchema()를 호출해 얻을 수 있다.

 저장소가 직접 데이터를 읽으면서도 왜 스키마는 외부에서 전달받는지 궁금할 수 있다. 물론 저장소에서 schema 모듈을 임포트해도 된다. 그러나 스키마를 가져오는 위치는 모듈이나 하드코딩, 커스터마이즈를 통한 방식이든 앱이 결정하는 것이 합리적일 수 있다.

저장소 이벤트

저장소가 데이터를 업데이트하는 부분에 emitter.emit('change'); 호출이 있다. 이것은 데이터와 연관된 UI 모듈에 데이터가 변경된 것을 알려서 저장소에서 새로운 데이터를 읽고 업데이트하도록 기회를 주는 방법이다. 그런데 이러한 이벤트 생성은 어떻게 구현될까?

이벤트 구독 패턴을 구현하는 방법은 다양하지만 핵심은 이벤트에 관심이 있는 대상(구독자)의 리스트를 얻은 다음, "구독" 이벤트가 발생했을 때 각 구독자의 콜백(구독 시 구독자가 제공한 함수)을 호출하는 것이다.

여기서는 이벤트 구독 기능은 직접 작성하지 않고 fbemitter라는 작은 오픈소스 라이브러리를 이용한다.

```
$ npm i --save-dev fbemitter
```

다음과 같이 .flowconfig를 업데이트한다.

```
[ignore]
.*/fbemitter/node_modules/.*
# 기타 사항...



[include]
node_modules/classnames
node_modules/fbemitter
# 기타 사항...
```

이벤트 방출기$^{event\ emitter}$를 임포트하고 초기화하는 작업은 저장소 모듈 맨 위에서 수행된다.

```
/* @flow */

import {EventEmitter} from 'fbemitter';

let data;
let schema;
const emitter = new EventEmitter();

const CRUDStore = {
  // ...
};

export default CRUDStore
```

방출기는 두 가지 역할을 한다.

- 구독 수집
- 구독자에게 통보(예: setData()의 emitter.emit('change'))

구독 컬렉션을 저장소의 메서드로 노출할 수 있으므로 호출자는 세부 사항을 전혀 알 필요가 없다.

```
const CRUDStore = {
  // ...
  addListener(eventType: string, fn: Function) {
    emitter.addListener(eventType, fn);
  },
  // ...
};
```

이로써 CRUDStore의 기능이 완성됐다.

〈Whinepad〉에서 저장소 사용

플럭스 환경에서는 〈Whinepad〉 컴포넌트를 크게 간소화할 수 있다. 주된 이유는 조금 뒤에 살펴볼 CRUDActions로 여러 기능을 옮기기 때문인데, CRUDStore도 도움이 된다. this.state.data는 〈Excel〉로 전달하는 데 필요했지만, 이제 〈Excel〉이 저장소에서 이를 직접 얻을 수 있으므로 더 이상 this.state.data를 유지할 필요가 없다. 실제로 〈Whinepad〉는 더는 저장소에 관여할 필요도 없지만 저장소가 필요한 기능을 하나 더 추가해보자. 이 기능은 검색 필드에 전체 레코드 수를 표시한다(그림 8-2).

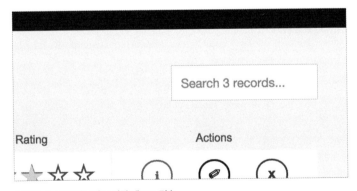

그림 8-2. 검색 필드에 표시된 레코드 건수

〈Whinepad〉의 constructor() 메서드는 다음과 같이 상태를 설정했었다.

```
this.state = {
    data: props.initialData,
    addnew: false,
};
```

이제 data는 필요 없지만 카운트는 필요하므로 저장소에서 읽어서 초기화한다.

```
/* @flow */

// ...
import CRUDStore from '../flux/CRUDStore';
// ...

class Whinepad extends Component {
    constructor() {
        super();
        this.state = {
            addnew: false,
            count: CRUDStore.getCount(),
        };
    }

    /* ... */
}

export default Whinepad
```

또한 생성자에게 저장소의 변경을 구독해 this.state의 총 카운트를 업데이트할 기회를 얻어야 한다.

```
constructor() {
    super();
    this.state = {
        addnew: false,
        count: CRUDStore.getCount(),
```

```
    };

    CRUDStore.addListener('change', () => {
      this.setState({
        count: CRUDStore.getCount(),
      })
    });
  }
```

이것이 저장소와의 필수 상호작용의 전부다. 저장소의 데이터가 업데이트되면(그리고 CRUDStore의 setData()가 호출되면), 저장소는 "변경" 이벤트를 방출한다. <Whinepad>는 "변경" 이벤트를 수신하고 자신의 상태를 업데이트한다. 이미 알고 있는 것처럼 상태를 설정하면 다시 렌더링해야 하므로 render() 메서드가 다시 호출된다. render() 메서드는 전과 마찬가지로 state와 props를 기준으로 UI를 생성한다.

```
  render() {
    return (
      {/* ... */}
      <input
        placeholder={this.state.count === 1
          ? 'Search 1 record...'
          : `Search ${this.state.count} records...`
        }
      />
      {/* ... */}
    );
  }
```

<Whinepad>에서 shouldComponentUpdate() 메서드를 구현하는 것을 고려할 수 있다. 총 카운트에 영향을 주지 않는 데이터 변경도 있다(예: 레코드 편집 또는 레코드의 단일 필드 편집). 이 경우 컴포넌트를 다시 렌더링할 필요는 없다.

```
  shouldComponentUpdate(newProps: Object, newState: State): boolean {
    return (
      newState.addnew !== this.state.addnew ||
```

```
      newState.count != this.state.count
    );
  }
```

마지막으로 〈Whinepad〉는 이제 데이터와 스키마 프로퍼티를 〈Excel〉로 전달할 필요가 없다. 또한 "변경" 이벤트를 이용해 저장소에서 모든 변경 사항을 가져올 수 있으므로 onDataChange를 구독할 필요도 없다. 따라서 〈Whinepad〉의 render()에서 해당하는 부분이 다음과 같이 간소해졌다.

```
  render() {
    return (
      {/* ... */}
      <div className="WhinepadDatagrid">
        <Excel />
      </div>
      {/* ... */}
    );
  }
```

〈Excel〉에서 저장소 사용

〈Whinepad〉와 비슷하게 〈Excel〉도 더 이상 프로퍼티를 필요로 하지 않는다. 생성자는 저장소에서 스키마를 읽고 이를 this.schema로 유지한다. this.state.schema와 this.schema에 저장할 때의 차이는 거의 없지만 state의 경우 일정 수준의 변경을 염두에 둔다는 점이 있다(물론 schema는 변경되지 않는다).

data의 경우 초기 this.state.data를 저장소로부터 읽으며 더 이상 프로퍼티로 받지는 않는다.

마지막으로 생성자는 상태를 최신 데이터로 업데이트해 다시 렌더링을 트리거하기 위해 "변경" 이벤트를 구독한다.

```
  constructor() {
    super();
    this.state = {
      data: CRUDStore.getData(),
```

```
      sortby: null, // schema.id
      descending: false,
      edit: null, // {row index, schema.id},
      dialog: null, // {type, idx}
    };
    this.schema = CRUDStore.getSchema();
    CRUDStore.addListener('change', () => {
      this.setState({
        data: CRUDStore.getData(),
      })
    });
  }
```

이로써 〈Excel〉이 저장소를 활용하기 위해 해야 할 일이 모두 끝났다. render() 메서드는 전과 마찬가지로 this.state에서 데이터를 읽는다.

저장소의 데이터를 this.state로 복사하는 이유가 궁금할 수 있다. render() 메서드가 직접 저장소에 접근해 직접 데이터를 읽을 수 있지 않을까? 물론 가능하다. 그런데 이렇게 하면 컴포넌트가 "순수성purity"을 잃는다. 순수 렌더 컴포넌트pure render component는 props와 state만 이용해 렌더링한다는 것을 기억하자. 그렇지 않으면 외부 호출에서 어떤 값을 얻을지 알 수 없으므로 render()의 모든 함수 호출이 의심스럽게 보이기 시작한다. 즉, 앱의 동작을 예측하고 디버그하기 어려워진다. "상태에 1이 들어 있는데 왜 2가 표시되는 거지? 아, 맞다 render()에 함수 호출이 있었지!"

〈Form〉에서 저장소 사용

〈Form〉 컴포넌트도 폼을 미리 입력하고 읽기 전용 버전으로 보여주기 위해 스키마(fields 프로퍼티로서)와 defaultValues 프로퍼티를 받는다. 이제 이 두 가지는 저장소에 있다. 〈Form〉은 recordId 프로퍼티를 받고 저장소에서 실제 데이터를 조회할 수 있다.

```
/* @flow */

import CRUDStore from '../flux/CRUDStore';
```

```
// ...

type Props = {
  readonly?: boolean,
  recordId: ?number,
};

class Form extends Component {
  fields: Array<Object>;
  initialData: ?Object;

  constructor(props: Props) {
    super(props);
    this.fields = CRUDStore.getSchema();
    if ('recordId' in this.props) {
      this.initialData = CRUDStore.getRecord(this.props.recordId);
    }
  }

  // ...
}

export default Form
```

폼에서 데이터를 편집하는 동안에는 외부에서 데이터를 변경하지 않으므로 <Form>
컴포넌트는 저장소의 "변경" 이벤트를 구독하지 않는다. 물론 아예 불가능한 시나리오는
아니다. 예를 들어, 다른 사용자가 동시에 레코드를 편집하거나 동일한 사용자가 두 탭에서
동일한 앱을 열고 동일한 레코드를 동시에 편집할 수 있다. 이 경우 데이터 변경을 수신하고
데이터가 다른 곳에서 변경된 것을 사용자에게 알릴 수 있다.

선긋기

플럭스 저장소를 이용하는 방법과 플럭스 이전 구현과 같이 프로퍼티를 이용하는 방법을
어떻게 차별화할 수 있을까? 저장소는 모든 데이터 요건을 한 번에 해결할 수 있는 편리한
방법이며, 여기저기 프로퍼티를 주고받는 불편함을 해소해준다. 그러나 컴포넌트의

재사용성이 다소 저하되는 단점이 있다. 이제 Excel은 CRUDStore에서 데이터를 찾도록 하드코딩됐기 때문에 완전히 다른 환경에서는 재사용할 수 없다. 그러나 새로운 환경이 CRUD와 비슷하다면(편집 가능한 데이터 테이블이 필요하다면 당연히 그럴 가능성이 높다) 저장소를 도입할 수 있다. 앱은 필요한 만큼 여러 저장소를 사용할 수 있다는 것을 기억하자.

버튼이나 폼 입력과 같은 저수준 컴포넌트는 저장소를 사용하지 않게 작성하는 편이 좋으며 프로퍼티를 사용해도 충분하다. 간단한 버튼(예: <Button>)과 최상위 부모(예: <Whinepad>)와 같은 양극단이 아닌 중간에 해당하는 모든 컴포넌트 유형을 어떻게 제작할지는 여러분의 선택에 달렸다. 앞서 살펴본 것처럼 <Form>을 CRUD 저장소에 연결해야 할까? 아니면 재사용을 위해 저장소와 무관하게 유지해야 할까? 정답은 당면 작업의 특징과 해당 컴포넌트를 재사용할 가능성을 기준으로 상황에 맞게 판단해야 한다는 것이다.

액션

액션은 저장소 내의 데이터를 변경하는 방법이다. 사용자가 뷰와 상호작용하면 저장소를 업데이트하는 액션이 수행되며 이 변경에 관심이 있는 뷰에 이벤트가 전송된다.

CRUDStore를 업데이트하는 CRUDActions를 구현하려는 경우 일반 자바스크립트 객체로 간단하게 처리할 수 있다.

```
/* @flow */

import CRUDStore from './CRUDStore';

const CRUDActions = {
  /* 메서드 */
};

export default CRUDActions
```

CRUD 액션

CRUDActions 모듈에서 구현해야 하는 메서드는 어떤 것일까? 일반적인 후보에는 create(), delete(), update() 등이 있는데, 이 앱에서는 전체 레코드를 업데이트하거나 단일 필드만 업데이트할 수 있으므로 updateRecord()와 updateField()를 구현해보자.

```
/* @flow */
/* ... */
const CRUDActions = {

    create(newRecord: Object) {
        let data = CRUDStore.getData();
        data.unshift(newRecord);
        CRUDStore.setData(data);
    },

    delete(recordId: number) {
        let data = CRUDStore.getData();
        data.splice(recordId, 1);
        CRUDStore.setData(data);
    },

    updateRecord(recordId: number, newRecord: Object) {
        let data = CRUDStore.getData();
        data[recordId] = newRecord;
        CRUDStore.setData(data);
    },

    updateField(recordId: number, key: string, value: string|number) {
        let data = CRUDStore.getData();
        data[recordId][key] = value;
        CRUDStore.setData(data);
    },

    /* ... */
};
```

코드는 상당히 간단해 보인다. 저장소에서 현재 데이터를 읽고 필요한 방법으로 조작(업데이트, 삭제, 추가/생성)한 후 다시 기록한다.

 CRUD의 R은 저장소가 제공하므로 여기서는 필요 없다.

검색과 정렬

이전 구현에서는 ⟨Whinepad⟩ 컴포넌트가 데이터 검색을 지원했는데, 검색 필드가 컴포넌트의 render()에 있었기 때문이다. 그러나 사실 검색은 데이터와 가까운 위치에서 처리해야 한다.

이와 비슷하게 정렬 기능은 테이블 헤더가 있고 실제 정렬을 수행하는 헤더의 onclick 핸들러를 포함하는 ⟨Excel⟩ 컴포넌트에서 수행했다. 그러나 정렬 기능도 마찬가지로 데이터와 가까운 위치에서 처리해야 한다.

데이터의 검색과 정렬이 액션과 저장소 중 어디에 속하는지는 충분히 논쟁거리가 된다. 사실 둘 다 괜찮은 선택이지만, 이 구현에서는 저장소를 get과 set만 포함하며 이벤트를 전송하는 역할만 하도록 두자. 액션은 데이터 메시징이 수행되는 곳이므로 정렬과 검색을 UI 컴포넌트에서 CRUDActions 모듈로 옮겨보자.

```
/* @flow */
/* ... */
const CRUDActions = {

  /* ... CRUD 메서드 ... */

  _preSearchData: null,

  startSearching() {
    this._preSearchData = CRUDStore.getData();
  },

  search(e: Event) {
    const target = ((e.target: any): HTMLInputElement);
    const needle: string = target.value.toLowerCase();
```

```
    if (!needle) {
        CRUDStore.setData(this._preSearchData);
        return;
    }
    const fields = CRUDStore.getSchema().map(item => item.id);
  if (!this._preSearchData) {
        return;
    }
  const searchdata = this._preSearchData.filter(row => {
        for (let f = 0; f < fields.length; f++) {
            if (row[fields[f]].toString().toLowerCase().indexOf(needle) > -1) {
                return true;
            }
        }
        return false;
    });
    CRUDStore.setData(searchdata, /* 제출 */ false);
},


_sortCallback(
    a: (string|number), b: (string|number), descending: boolean
): number {
    let res: number = 0;
    if (typeof a === 'number' && typeof b === 'number') {
        res = a - b;
    } else {
        res = String(a).localeCompare(String(b));
    }
    return descending ? -1 * res : res;
},

sort(key: string, descending: boolean) {
    CRUDStore.setData(CRUDStore.getData().sort(
        (a, b) => this._sortCallback(a[key], b[key], descending)
    ));
},
};
```

이로써 CRUDActions의 기능이 완료됐다. 다음으로 〈Whinepad〉와 〈Excel〉 컴포넌트에서 이 모듈을 사용하는 방법을 알아보자.

 sort() 함수의 다음 부분이 CRUDActions에 속하지 않는다고 주장할 수 있다.

```
search(e: Event) {
    const target = ((e.target: any): HTMLInputElement);
    const needle: string = target.value.toLowerCase();
    /* ... */
}
```

액션 모듈은 UI에 대해서는 관여하지 말아야 하므로 "올바른" 시그니처는 다음과 같아야 한다고 말할 수 있다.

```
search(needle: string) {
    /* ... */
}
```

이는 합당한 주장이며 이 방법을 선택해도 된다. 다만 〈Whinepad〉 컴포넌트가 조금 더 복잡해지고 〈input onChange="CRUDActions.search"〉보다는 해야 할 작업이 더 많다.

〈Whinepad〉에서 액션 사용

플럭스 액션으로 전환하려면 〈Whinepad〉 컴포넌트에 어떤 변화가 필요한지 알아보자. 먼저 액션 모듈을 포함해야 한다.

```
/* @flow */

/* ... */

import CRUDActions from '../flux/CRUDActions';

/* ... */

class Whinepad extends Component {/* ... */}

export default Whinepad
```

기억하겠지만 Whinepad는 새로운 레코드를 추가하고 기존 레코드를 검색하는 역할을
한다(그림 8-3).

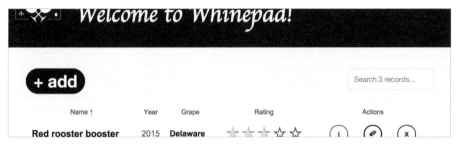

그림 8-3. 와인패드의 데이터 역할 부분

이전의 Whinepad는 새로운 레코드를 추가하기 위해 자신의 this.state.data를 직접 조작했다.

```
_addNew(action: string) {
  if (action === 'dismiss') {
    this.setState({addnew: false});
  } else {
    let data = Array.from(this.state.data);
    data.unshift(this.refs.form.getData());
    this.setState({
      addnew: false,
      data: data,
    });
    this._commitToStorage(data);
  }
}
```

그러나 이제 저장소(단일 원본)를 업데이트하는 역할은 액션으로 넘겨졌다.

```
_addNew(action: string) {
  this.setState({addnew: false});
  if (action === 'confirm') {
    CRUDActions.create(this.refs.form.getData());
  }
}
```

이제 상태를 유지 관리하거나 데이터를 조작할 필요가 없다. 사용자 액션이 수행되면 단일 데이터 흐름의 방향으로 위임하면 된다.

검색도 비슷하다. 전에는 컴포넌트 자체의 this.state.data에 대해 검색을 수행했지만 지금은 다음과 같이 하면 된다.

```
<input
    placeholder={this.state.count === 1
        ? 'Search 1 record...'
        : `Search ${this.state.count} records...`
    }
    onChange={CRUDActions.search.bind(CRUDActions)}
    onFocus={CRUDActions.startSearching.bind(CRUDActions)} />
```

〈Excel〉에서 액션 사용

Excel은 CRUDActions가 제공하는 정렬, 삭제, 업데이트 기능의 소비자다. 삭제 기능을 하는 코드는 다음과 같았다.

```
_deleteConfirmationClick(action: string) {
    if (action === 'dismiss') {
        this._closeDialog();
        return;
    }
    const index = this.state.dialog ? this.state.dialog.idx : null;
    invariant(typeof index === 'number', 'Unexpected dialog state');
    let data = Array.from(this.state.data);
    data.splice(index, 1);
    this.setState({
        dialog: null,
        data: data,
    });
    this._fireDataChange(data);
}
```

이제 다음과 같이 간소화됐다.

```
_deleteConfirmationClick(action: string) {
    this.setState({dialog: null});
    if (action === 'dismiss') {
        return;
    }
    const index = this.state.dialog && this.state.dialog.idx;
    invariant(typeof index === 'number', 'Unexpected dialog state');
    CRUDActions.delete(index);
}
```

이제 Excel을 수신하는 컴포넌트는 없으므로 데이터 변경 이벤트를 생성할 필요가 없다.
지금은 모두 저장소에 관심을 갖는다. 더는 this.state.data를 조작할 필요도 없으며, 액션
모듈이 조작한 후 저장소가 이벤트를 전송하면 업데이트한다.

레코드의 정렬과 업데이트도 비슷하다. 다음과 같이 모든 데이터 조작이 CRUDActions 메서드
호출 하나로 대체됐다.

```
/* @flow */

/* ... */
import CRUDActions from '../flux-imm/CRUDActions';
/* ... */

class Excel extends Component {
    /* ... */

    _sort(key: string) {
        const descending = this.state.sortby === key && !this.state.descending;
        CRUDActions.sort(key, descending);
        this.setState({
            sortby: key,
            descending: descending,
        });
    }
```

```
  _save(e: Event) {
    e.preventDefault();
    invariant(this.state.edit, 'Messed up edit state');
    CRUDActions.updateField(
      this.state.edit.row,
      this.state.edit.key,
      this.refs.input.getValue()
    );
    this.setState({
      edit: null,
    });
  }


  _saveDataDialog(action: string) {
    this.setState({dialog: null});
    if (action === 'dismiss') {
      return;
    }
    const index = this.state.dialog && this.state.dialog.idx;
    invariant(typeof index === 'number', 'Unexpected dialog state');
    CRUDActions.updateRecord(index, this.refs.form.getData());
  }


  /* ... */
};


export default Excel
```

 플럭스를 사용하도록 완전히 변환된 와인패드 앱은 이 책의 코드 리포지토리(https://github.com/ stoyan/reactbook/)에서 볼 수 있다.

플럭스 정리

이로써 플럭스 아키텍쳐를 사용하도록 앱을 변환하는 과정이 모두 끝났다. 이벤트를 전송하는 단일 저장소를 업데이트하는 액션을 전송하는 뷰가 있다. 뷰는 이러한 저장소 이벤트를 수신하고 업데이트한다. 이것이 전체 순환을 완성한다.

이 개념을 확장해서 애플리케이션의 규모가 커질 때 유용한 방법이 몇 가지 있다.

이번에는 그림 8-4와 같이 뷰만 액션을 전송할 수 있는 것이 아니라 서버에서도 액션을 전송할 수 있다. 일부 데이터가 오래돼 부실해졌거나 다른 사용자가 데이터를 변경한 것을 앱이 서버와 동기화하는 동안 발견했을 수 있다. 아니면 시간이 지나서 어떤 작업을 수행해야 할 수 있다(예약한 표를 구매할 시간이 만료됐거나 세션이 만료돼서 다시 시작해야 하는 경우).

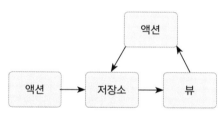

그림 8-4. 추가 액션

액션의 출처가 여러 개인 상황에서는 발송자^{dispatcher} 하나를 추가하는 방법이 유용할 수 있다(그림 8-5). 발송자는 모든 액션을 (하나 이상의) 저장소로 연결한다.

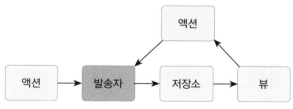

그림 8-5. 발송자

또한 UI에서 여러 다른 액션이 전달되고, 서버나 다른 곳에서도 여러 다른 액션이 전달되며, 각각 자체 데이터를 책임지는 여러 저장소가 포함된 더 흥미로운 애플리케이션도 있을 수 있다(그림 8-6).

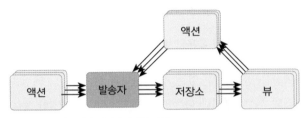

그림 8-6. 복잡하지만 여전히 단방향 흐름

플로우 아키텍처를 구현하기 위한 다양한 오픈소스 솔루션이 있다. 그러나 간단한 솔루션을 직접 개발하거나 지금까지 배운 내용을 바탕으로 오픈소스 프로젝트를 선택해 처음에는 간소하게 시작하고 성장시키는 방법도 좋다.

불변

마지막으로 플럭스의 일부분인 저장소와 액션에서 와인 레코드를 불변[immutable] 자료구조로 전환하는 변경에 대해 논의해보자. 불변은 리액트 자체와는 아무 관계가 없지만 리액트 애플리케이션에서 자주 논의되는 주제다.

불변 객체는 한 번 생성하며 변경할 수 없다. 불변 객체는 일반적으로 이해하고 추론하기 쉽다. 예를 들어, 문자열은 내부적으로 불변 객체로 구현되는 경우가 많다.

자바스크립트에서는 immutable npm 패키지를 이용해 이 개념을 적용할 수 있다.

```
$ npm i --save-dev immutable
```

그리고 *flowconfig*에 다음 항목을 추가한다.

```
# ....

[include]
```

```
# ...
node_modules/immutable

# ...
```

 라이브러리의 전체 설명서는 온라인(http://facebook.github.io/immutable-js/)으로 볼 수 있다.

이제 모든 데이터 처리가 저장소와 액션 모듈에서 수행되므로 이 두 곳이 유일하게 업데이트가 필요한 곳이다.

불변 저장소 데이터

immutable 라이브러리가 제공하는 자료구조로는 List, Stack, Map 등이 있다. 이번에는 앱이 사용하던 배열과 가장 유사한 List를 선택해보자.

```
/* @flow */

import {EventEmitter} from 'fbemitter';
import {List} from 'immutable';

let data: List<Object>;
let schema;
const emitter = new EventEmitter();
```

data의 새로운 형식으로 불변 List를 지정했다.

let list = List() 구문으로 새로운 리스트를 생성하고 초기 값을 전달할 수 있다. 저장소가 리스트를 초기화하는 방법을 확인해보자.

```
const CRUDStore = {

  init(initialSchema: Array<Object>) {
    schema = initialSchema;
    const storage = 'localStorage' in window
```

```
          ? localStorage.getItem('data')
          : null;
      if (!storage) {
        let initialRecord = {};
        schema.forEach(item => initialRecord[item.id] = item.sample);
        data = List([initialRecord]);
      } else {
        data = List(JSON.parse(storage));
      }
    },

    /* .. */
  };
```

여기서 볼 수 있듯이 배열을 이용해 리스트를 초기화했으며, 이제부터는 리스트 API를
이용해 데이터를 조작할 수 있다. 그리고 일단 생성된 리스트는 불변이며 변경할 수 없다.
(조금 뒤에 살펴보겠지만 모든 조작은 CRUDActions에서 이뤄진다.)

저장소에서는 초기화와 형식 표시 외에는 그다지 변한 부분이 없으며, 값을 얻고 설정하는
작업만 한다.

불변 리스트에는 length 프로퍼티가 없으므로 getCount()를 조금 변경해야 한다.

```
// 전
getCount(): number {
  return data.length;
},

// 후
getCount(): number {
  return data.count(); // `data.size`도 가능
},
```

마지막으로 불변 라이브러리는 기본 제공 배열과 달리 키 지정 접근을 지원하지 못하므로 getRecord()도 업데이트해야 한다.

```
// Before
getRecord(recordId: number): ?Object {
    return recordId in data ? data[recordId] : null;
},

// After
getRecord(recordId: number): ?Object {
    return data.get(recordId);
},
```

불변 데이터 조작

자바스크립트에서 문자열 메서드가 어떻게 작동하는지 떠올려보자.

```
let hi = 'Hello';
let ho = hi.toLowerCase();
hi; // "Hello"
ho; // "hello"
```

hi에 할당된 문자열은 변경되지 않으며 대신 새로운 문자열이 생성된다.

불변 리스트도 비슷하게 작동한다.

```
let list = List([1, 2]);
let newlist = list.push(3, 4);
list.size; // 2
newlist.size; // 4
list.toArray(); // Array [ 1, 2 ]
newlist.toArray() // Array [ 1, 2, 3, 4 ]
```

push( ) 메서드가 사용된 데 주의하자. 불변 리스트는 배열과 비슷하게 작동하므로 map( )이나 forEach( ) 등의 메서드를 사용할 수 있다. 이것이 UI 컴포넌트를 크게 바꿀 필요가 없는 이유다. (정확하게 말해, 대괄호 배열 접근을 하는 한 부분만 변경하면 된다.) 물론 이제 데이터가 저장소와 액션에서 주로 처리되는 것도 한 가지 이유다.

그러면 액션 모듈에는 자료구조 변경이 어떤 영향을 줄까? 사실 큰 변화는 필요 없다. 불변 리스트도 sort( )와 filter( )를 제공하므로 정렬과 검색 부분은 변경하지 않아도 된다. 변경이 필요한 부분은 create( ), delete( ), 그리고 두 update*( ) 메서드다.

우선 delete( ) 메서드에 대해 생각해보자.

```
/* @flow */

import CRUDStore from './CRUDStore';
import {List} from 'immutable';

const CRUDActions = {

  /* ... */

  delete(recordId: number) {
    // 전:
    // let data = CRUDStore.getData();
    // data.splice(recordId, 1);
    // CRUDStore.setData(data);

    // 후:
    let data: List<Object> = CRUDStore.getData();
    CRUDStore.setData(data.remove(recordId));
  },
```

```
    /* ... */

  };

  export default CRUDActions;
```

자바스크립트에서 약간 특이한 이름을 가진 splice()는 원본을 수정하면서 배열의 추출된 조각을 반환한다. 이 때문에 한 행으로 작성하면 다소 혼동의 여지가 있다. 반면 불변 리스트는 한 행으로 작성할 수 있다. 복잡한 형식 표시를 제외하면 다음과 같이 간단하게 작성할 수 있다.

```
  delete(recordId: number) {
    CRUDStore.setData(CRUDStore.getData().remove(recordId));
  },
```

불변 환경에서 적절한 이름을 가진 remove()는 불변인 원본 리스트에 영향을 주지 않으며, 한 항목을 제거한 새로운 리스트를 반환한다. 새로운 리스트를 새로운 데이터로 할당하고 저장소에서 저장할 수 있다.

다른 데이터 조작 메서드도 비슷하며 마찬가지로 배열로 작업하는 것보다 간단하다.

```
  /* ... */
  create(newRecord: Object) { // unshift() - 배열과 같음
    CRUDStore.setData(CRUDStore.getData().unshift(newRecord));
  },

  updateRecord(recordId: number, newRecord: Object) { // []가 없는 set()
    CRUDStore.setData(CRUDStore.getData().set(recordId, newRecord));
  },

  updateField(recordId: number, key: string, value: string|number) {
    let record = CRUDStore.getData().get(recordId);
    record[key] = value;
    CRUDStore.setData(CRUDStore.getData().set(recordId, record));
  },
  /* ... */
```

모두 끝났다! 이제 다음과 같은 항목을 이용해 앱을 개발할 수 있다.

- UI를 정의하는 리액트 컴포넌트

- 컴포넌트를 구성하는 JSX

- 데이터 흐름을 조율하는 플럭스

- 불변 데이터

- 최신 ECMAScript 기능을 이용할 수 있게 해주는 바벨

- 형식 검사와 구문 오류를 확인하는 플로우

- 다양한 오류와 규약을 검사하는 ESLint

- 단위 테스트를 위한 제스트

 와인패드 앱의 세 번째 버전("불변을 적용한 버전")은 이 책의 코드 리포지토리(https://github.com/stoyan/reactbook/)에서 볼 수 있으며, http://whinepad.com에서 앱을 직접 사용해볼 수 있다.

저자 소개

스토얀 스테파노프Stoyan Stefanov는 페이스북의 엔지니어이며 전에는 야후에서 일했다. 그는 온라인 이미지 최적화 툴인 스머시smush를 개발했고 성능 향상 툴인 YSlow 2.0을 설계했다. 스토얀은 『자바스크립트 패턴JavaScript Patterns』(O'Reilly, 2010)과 『객체지향 자바스크립트Object-Oriented JavaScript』(Packt Publishing, 2008)를 집필했으며, 『초고속 웹사이트 구축Even Faster Web Sites』과 『자바스크립트 성능 최적화High-Performance JavaScript』의 기여자다. 또한 블로그를 운영하고 있으며, Velocity, JSConf, Fronteers 등의 여러 컨퍼런스에서 강연자로 자주 모습을 드러내고 있다.

표지 소개

『시작하세요! 리액트 프로그래밍』의 표지를 장식하는 동물은 ʻiʻiwi(이–이–비라고 발음)라는 새인데 다홍색 하와이 꿀먹이새라고도 부른다. 이 생물은 저자의 딸이 학교 숙제로 조사한 후 아빠 책의 표지 모델로 선택했다. ʻiʻiwi는 하와이 섬에서 세 번째로 흔한 토착 육지새지만 같은 되새과에 속하는 다른 여러 종은 멸종위기에 처해 있거나 이미 멸종됐다. 이 작고 화려한 색의 새는 하와이를 상징하는 동물로 잘 알려져 있으며 하와이, 마우이, 카우아이에 집단으로 서식하고 있다.

다 자란 ʻiʻiwi의 몸은 거의 다홍색이며 검은색 날개와 꼬리, 그리고 길고 구부러진 부리를 가지고 있다. 밝은 빨간색은 주변의 초록색 나뭇잎과 손쉽게 대조되므로 ʻiʻiwi는 야생에서 아주 쉽게 발견할 수 있다. 이 새의 깃털은 하와이 귀족들의 망토와 헬멧을 장식하는 데 사용됐지만, 사촌격인 하와이 마모에 비해 덜 신성하다고 여겨진 덕에 오히려 멸종하는 운명을 피했다.

ʻiʻiwi의 주식은 꽃이나 레후아 나무의 꿀이며 종종 작은 곤충도 잡아먹는다. 또한 연중 꽃의 개화 시기에 따라 이동하는 고도 철새로도 분류된다. 즉, 다른 섬 사이를 이동하기도 하지만 서식지 파괴 때문에 오하우와 몰로카이에서는 보기 어렵고 라나이에서는 1929년 멸종됐다.

현재 ʻiʻiwi를 보존하려는 다방면의 노력이 진행 중이다. 이 새는 계두(鷄痘)와 조류 인플루엔자에 아주 취약하며 삼림 파괴와 외래 식물종에 심각한 고통을 받고 있다. 멧돼지는 모기의 온상이 되는 진흙탕을 만들므로 숲의 멧돼지 서식을 조절함으로써 모기로 전파되는 질병을 예방할 수 있다. 또한 숲을 복원하고 외래 식물종을 제거해 ʻiʻiwi의 주식이 되는 꽃을 지키려는 프로젝트가 진행되고 있다.

오라일리 책의 표지에 등장하는 많은 동물들이 멸종 위기에 처해 있다. 이러한 모든 동물은 우리 지구 환경에 중요하다. 표지 동물에 자세한 내용은 animals.oreilly.com을 방문하면 볼 수 있다.